Diante de Deus

Frei João Inácio Müller, ofm

Diante de Deus

Com Dom Aloísio Lorscheider

DIREÇÃO EDITORIAL:
Pe. Marcelo C. Araújo, C.Ss.R.

COPIDESQUE:
Luana Galvão

EDITOR:
Avelino Grassi

REVISÃO:
Leila Cristina Dinis Fernandes

COORDENAÇÃO EDITORIAL:
Ana Lúcia de Castro Leite

DIAGRAMAÇÃO E CAPA:
Bruno Olivoto

Dados Internacionais de Catalogação na Publicação (CIP)
(Câmara Brasileira do Livro, SP, Brasil)

Müller, João Inácio
   Diante de Deus: com Dom Aloísio Lorscheider / João Inácio Müller. - Aparecida, SP: Editora Santuário, 2013.

   ISBN 978-85-369-0324-8

   1. Deus 2. Fé 3. Lorscheider, Aloísio, 1924-2007 4. Religião 5. Teologia 6. Vida cristã I. Título.

13-09800   CDD-231

Índices para catálogo sistemático:
1. Deus: Teologia cristã 231

2ª reimpressão

Todos os direitos reservados à **EDITORA SANTUÁRIO** - 2014

Composição, CTcP, impressão e acabamento:
EDITORA SANTUÁRIO - Rua Padre Claro Monteiro, 342
12570-000 - Aparecida-SP - Fone: (12) 3104-2000

Sumário

Apresentação 11

Introdução... 15

1ª Meditação
A Fé 23

2ª Meditação
A Revelação 35

3ª Meditação
O Mistério de Cristo 43

4ª Meditação
Maria 53

5ª Meditação
A Igreja.. 63

6ª Meditação
O Mistério do Cristão.............................. 73

7ª Meditação
O Mistério Eucarístico 83

8ª Meditação
Presença e alimento de vida 93

9ª Meditação
O Divino Espírito Santo 105

10ª Meditação
O Sacerdote e os Sacramentos..............117

11ª Meditação
A Pregação da Palavra Divina...............127

Conclusão 139

Apresentação

Dom Aloísio, ao falecer, no dia 23 de dezembro de 2007, deixou várias apostilas datilografadas e, algumas, em manuscrito. Temos intenção de publicar, gradativamente, o que sua Eminência deixou escrito. Sabemos que, destarte, sua voz e presença continuarão ecoando entre nós. Esta voz, que é expressão do profundo de Deus, não pode silenciar! Dom Aloísio tem muito a nos falar. Queiramos, pois, escutar sua vida, escutar e aprender, enfim, com aquele que foi a razão do seu viver: Deus. Digo, sem titubeios, tocamos Deus ao ler Dom Aloísio. Aqui, Deus visita nossa vida e bate à porta da nossa existência, suplicando acolhimento.

Diante de Deus é um dos muitos *retiros* que Dom Aloísio pregou durante a sua vida. Aqui vemos seu relacionamento com Deus e com os mistérios da fé. Não obstante esse retiro ter sido escrito há décadas, mantém sua atualidade e força para nos conduzir e nos manter *Diante de Deus*.

Quem pode participar desse retiro, lendo este livro? Creio ser impossível excluir alguém! Com a graça de Deus, esse retiro fará bem a quem dele se ocupar. Na sua origem, franciscanos, das mais variadas idades, reunidos por uma semana, rezaram, orientados pelo, então, confrade Frei Aloísio.

Diante de Deus é livro simples e profundo, como o foi seu autor. Fará bem a quem o ler e rezar. Este livro tornará você melhor. Tenhamos calma ao ler, dando tempo e espaço ao Divino Espírito Santo.

Quem conheceu Dom Aloísio sabe que ele está *Diante de Deus*, com Deus na eternidade. Que ele interceda junto a Deus por você, suas necessidades e compromissos batismais e eclesiais.

Oxalá, tenhamos a graça de viver constantemente *Diante do Senhor*. Paz e Bem!

Frei João Inácio Müller, ofm

Introdução

Irmãos em Cristo, Paz e Bem!

"Voltaram os apóstolos a reunir-se com Jesus e contaram-lhe tudo quanto haviam feito e ensinado. E disse-lhes: 'Vinde à parte, num lugar deserto e descansai um pouco'" (Mc 6,30-31).

Estamos diante de convite semelhante. "Eis que estou à porta e bato. Se alguém escutar a minha voz e abrir a porta, entrarei em sua casa e cearei com ele, e ele comigo" (Ap 3,20).

Um dos mais belos mistérios é o de nossa vida. E esse mistério de nossa vida é tão belo por causa de Deus. Entre nós e Deus existe uma relação tão íntima que nos chegamos a abismar na mais doce e profunda contemplação extática, ao considerarmos atentamente essa relação terna, afetuosa, paternal, solícita e de profunda dependência.

Se existimos é porque Deus assim o quis. Nada mais contingente do que a nossa existência. Se, pois, possuímos em nós a alegria de viver, de assistir com entusiasmo ao desabrochamento das nossas forças mais íntimas, mais secretas, que tantas vezes nos enchem do mais santo júbilo, da mais generosa satisfação, é ao Senhor da vida que devemos elevar gratos o nosso coração, grato todo o nosso ser. Se existimos, nós o devemos unicamente à sua misericórdia e imperscrutável Providência. E ainda mais, nós não apenas existimos, mas encontramos no Universo existente um significado que só nós temos. Outro não nos pode substituir. Temos uma tarefa a desempenhar, missão que corresponde a eternos desígnios divinos. É mais uma atenção de encanto infinito que devemos ao Criador Munificente. E esta tarefa chega a ser tão importante que podemos até afirmar que falta algo à harmonia do Universo, se destoarmos da confiança que o Onipotente deposita em nós. Se não tivermos responsabilidade, podemos ser uma nota dissonante na orquestração dos seres do universo. E nota dissonante que, por assim dizer, se reflete no próprio Criador. Ou não acontece que pessoas, escandalizadas pelo comportamento menos edificante de tantas criaturas humanas, pensam dever revoltar-se contra o Criador, sentem abalada sua fé na bondade do Deus imensamente bondoso e, por isso, julgam-se credenciadas a criticar o Senhor dos Senhores, o mais sábio dos Artífices?

Mas nossa relação com o Supremo Senhor não se limita apenas a esses dois pontos. Ao contrário, a relação estreita-se de tal modo que somente a solicitude de um Pai é capaz de nos dar uma ideia mais aproximada do que vem a ser a relação profunda entre Criador e criaturas: "Se Deus veste assim os lírios do campo e cuida dos pássaros do céu, de modo que nada lhes faça falta, quanto mais cuidará de vós homens, criaturas feitas à sua imagem e semelhança, constituídos dominadores do mundo, admitidos à intimidade de filhos" (cf. Mt 6,25-33). "Quando Israel era criança, eu o amei e do Egito chamei meu filho... Ensinei Efraim a andar, tomando-o pelos braços, mas eles não reconheceram que eu cuidava deles. Eu os atraía com vínculos humanos, com laços de amor... Sanar-lhes-ei as rebeldias, amá-los-ei generosamente, pois minha ira se afastou deles. Serei como o orvalho para Israel, ele florescerá como o lírio e lançará raízes profundas como as florestas do Líbano" (Os 11,1.3-4; 14,5-6).

Com aquela mesma atenção amorosa, com aquela mesma solicitude paterna, bondade inefável, ternura maternal com que o Pai Celeste um dia se inclinou sobre o homem,

– *no dia da criação*: "tomou barro em suas mãos, formou dele o homem, e depois lhe inspirou uma alma viva" (Gn 2,7);
– *no dia da queda:* "porei inimizades entre ti e a mulher, entre a tua descendência e a descendência dela. Essa te esmagará a cabeça, tu

morderás seu calcanhar..." (Gn 3,15); "fez Deus para Adão e sua esposa túnicas de pele e os vestiu" (Gn 3,21) (na plenitude dos tempos Deus mesmo tomará por vestido a nossa pele...);

– *no dia de Israel:* "assim como a águia provoca seus filhotes a alçar voo e acima deles revoluteia, assim também Deus estendeu as suas asas e acolheu Israel e carregou-o sobre seus ombros" (Dt 32,11);

– *sempre:* "pode acaso uma mulher esquecer o seu pequenino de sorte que não se compadeça do filho de suas entranhas? Ainda que essa se esquecesse, eu não me esquecerei de ti" (Is 49,15).

Com essa mesma atenção, bondade, ternura, Deus volta o seu olhar, inclina-se neste momento sobre cada qual de nós, que estamos aqui para passar alguns dias em intimidade com Ele.

Lembremo-nos de Moisés no monte Sinai. Com que pureza, com que cuidadosa preparação entrou na nuvem para receber as tábuas da lei! E já, antes, no deserto: "Tira o calçado porque a terra que pisas é santa" (Êx 3,5). Entremos na Terra Santa, entremos na nuvem, longe do povo que ficou lá no vale.

Caríssimos, entramos para receber as tábuas da Lei, para conversar a sós com o Senhor do mundo, na mais profunda pureza do nosso coração, para podermos depois testemunhar e ensinar, pela vida e pela palavra, o caminho aos que se encontram no deserto da vida, no vale de lágrimas, adorando o bezerro de ouro, da riqueza, do luxo, ou mesmo da miséria que revolta. Este contato íntimo com Deus deve abrasar não só a nossa face, de modo a deixar impresso um sinal de nosso contato com o Senhor Deus de Israel, mas deve incendiar nosso coração, reacender nele o entusiasmo por Deus e por tudo o que a Ele se refere, convencer-nos mais ainda de que só em Javé encontraremos o que nossa alma precisa, o que o mundo necessita. Não são os carros de batalha, não são os cavalos e os camelos, não será a aliança com as poderosas forças dos assírios que trará a salvação a Israel, mas sim o Senhor Deus dos Exércitos, que vem aos homens na pobreza, na humildade, no aniquilamento, para exaltar os pobres, os humilhados, os aniquilados. A grande finalidade do nosso retiro deve ser: encher-nos de Deus, saturar-nos de Deus, reconsiderar o profundo sentido religioso da vossa vida, para depois mantê-la orientada, embora à custa dos maiores esforços, para Deus. Devemos mais uma vez recordar vivamente que o programa a realizar é o do reino de Deus que Jesus veio pregar e fundar: o *convertei-vos:* "Fazei penitência porque o Reino de Deus se aproxima. Convertei-vos a mim e eu me converterei a vós", a reviravolta, o rumo conservado em

Deus e para Deus. "Em Deus nós vivemos, nos movemos, estamos." O "caminhar com Deus" de Abraão "e sede perfeitos" devem ser a estrela condutora da vida humana dedicada a Deus. "Eis que estou à porta e bato. Se alguém escutar a minha voz e abrir a porta, entrarei em sua casa e cearei com ele, e ele comigo" (Ap 3,20).

Atendamos generosamente a essa meiga voz, que nos convida à mais terna, à mais casta das intimidades. "Como lírio entre os espinhos, assim é minha amada entre as jovens... Eu sou para meu amado e meu amado é para mim. Põe-me como selo sobre teu coração, como selo sobre teu braço, pois forte como a morte é o amor; duros como o inferno os ciúmes: seus ardores são ardores de fogo e de chamas" (Ct 2,2; 6,3; 8,6). Não decepcionemos a Deus durante estes dias e durante a nossa vida! Assim seja.

1ª Meditação

A Fé

De Deus viemos, para Deus existimos, para Deus devemos voltar. Nessa nossa peregrinação terrestre, que se iniciou no dia em que Deus falou e se fez o que Ele ordenou, a atitude fundamental é conservar a bússola da nossa vida voltada para o Norte salutar, que é Deus. Nessa nossa orientação, precisamos todos de um farol poderoso que ilumine a cada instante o nosso caminho, guie nossos passos, seja-nos conforto nas lutas e contrariedades. Este farol poderoso, esta luz intensa, é a fé. Na pregação de Jesus, nosso caminho, nossa verdade, nossa vida ressoam como um estribilho: "Crede no Evangelho... crede em mim... crede no Pai". Quem crer em mim, jamais terá sede; quem crer em mim, jamais terá fome; quem crer em mim, do seu seio manarão rios de água viva. Quem crer em mim, passou da morte para a vida; quem crer em mim, não será julgado. Quem, todavia, não crer? Será condenado, já está julgado (Jo 3,18.36; 4,10; 5,24.40.47; 6,29.35.47; 11,25; 1Jo 5,1-5).

A fé é um grande tesouro. As palavras de Jesus à Samaritana "se conhecesses o dom de

Deus" enquadram perfeitamente a esta pérola preciosa que é a nossa fé. Por ela devemos vender tudo o que possuímos. Sem a fé, a nossa vida perde o seu encanto, entra a reinar nela um ambiente de cemitério, um ambiente de morte. Com a fé, porém, somos entusiasmo, energia, júbilo, serenidade, tranquilidade, paz. É um cúmulo de bens celestes e terrestres. Podemos aquilatar sua importância, percorrendo, mesmo só ligeiramente, as páginas sagradas.

Veremos que a fé não é só uma virtude sobrenatural pela qual somos capacitados a aceitar como verdade tudo aquilo que Deus revelou, não levados pela evidência intrínseca do revelado, e sim pela autoridade do Revelador que não engana, nem se pode enganar. Mas fé é isso, e é mais que isso. A fé, no seu sentido mais pleno e mais rico, é o abandono total de nossa pessoa a Deus. É a entrega total do nosso destino ao seu destino.

a) Abramos as páginas sagradas. Vejamos o que o Antigo Testamento narra.

O primeiro fato, bem característico, com que deparamos é o da fé daquele grande patriarca que foi Abraão. Por meio de uma visão, Deus se dirige a Abraão e lhe diz que será o seu protetor e a sua grande recompensa. Abraão queixa-

-se de não possuir filhos. Deus responde a essa queixa com uma promessa solene: "Conta as estrelas, se fores capaz". Pois bem. São inumeráveis. "Tão inumerável será a tua descendência."

Esse texto sagrado possui vigor todo especial. Em poucas pinceladas nos deixa apalpar a convicção da onipotência divina. Abraão é velho e Sara é velha: "Eram ambos velhos, em idade avançada, e Sara deixara de ter o que têm as mulheres", mas a convicção divina aí está: "Conta as estrelas, se fores capaz". Ora, são inumeráveis essas benditas estrelas. Se elas são inumeráveis, tua descendência, meu velho Abraão, será também inumerável: "Tão inumerável será a tua descendência". E a resposta do velho Abraão... "Riu ocultamente?" Não, isso é com Sara. Abraão "acreditou": creu. E o resultado? "Foi-lhe tido em conta da justiça." Este ato de fé, de abandono a Deus, de entrega total à Divina Palavra, é o que tornou ainda mais agradável a Deus o seu servo Abraão: "foi-lhe tido em conta da justiça". E São Paulo pode escrever aos hebreus: "De um só homem, já marcado pela morte, nasceu uma multidão comparável à dos astros do céu, inumerável como a areia da praia do mar... porque considerava fiel aquele que lhe havia prometido" (Hb 11,12).

Um segundo fato notável no Antigo Testamento é o da fé do verdadeiro israelita, que foi Moisés, bem como o despertar da fé do próprio povo hebreu.

"Pela fé, Moisés, chegado já à maturidade, recusou passar por filho da filha de Faraó. Preferiu sofrer maus-tratos com o povo de Deus a desfrutar das vantagens passageiras do pecado. Considerou a humilhação de Cristo como uma riqueza maior do que os tesouros do Egito, pois tinha os olhos fixos na recompensa" (Hb 11,24-26). E, mais tarde, Deus lhe aparece na sarça ardente e lhe comunica a missão para a qual o escolhera: libertar os hebreus do cativeiro egípcio e conduzi-los à terra onde corre leite e mel. Para Moisés ser aceito pelo povo e para que creiam na sua palavra, que é apenas repetição da palavra de Javé, Deus dá a Moisés o poder de fazer milagres (Êx 3,1ss.). Moisés, não obstante sua relutância inicial, crê em Deus, apresenta-se ao povo, transmite o desígnio divino e, em testemunho do seu envio, faz milagres perante o povo. E qual a reação? "E o povo acreditou" (Êx 4,31), e não só creram, mas "prostraram-se em adoração" (Êx 4,31). Prostraram-se em adoração perante o desígnio de Deus. Naquele momento o povo era escravo, sujeito ao poder forte do Egito. Sem exército, sem força humana. Assim mesmo "acreditou" no poder imenso, onipotente de Iahweh, seu Deus.

Neste trecho sagrado temos a notar que Deus não fala diretamente ao povo, mas recorre ao auxílio de um homem, que se torna o *profeta* de Deus. E, para comprovar a missão divina do profeta, Deus concede ao seu enviado o carisma dos milagres. É um modo estranho esse agir divino. Exige fé do profeta. Exige fé tremenda daqueles aos quais o profeta se dirige. E nem sempre Deus escolhe o melhor. Aarão, sim, era um homem eloquente, mas Moisés gago servia melhor para os desígnios divinos. Aarão eloquente pode ser o profeta de Moisés, mas Moisés gago será o profeta de Deus. Se Deus falasse, certamente todos haveriam de acreditar, mas agora é um homem, e ainda um homem gago, que fala e se diz enviado de Deus. Como Deus arrisca! E, entretanto, como é benéfica ao povo a resposta do abandono a Deus pela fé, na palavra do enviado divino! A história subsequente do povo israelita é um só capítulo de bênçãos, de proteção divina, que teve o seu início na fé do povo, suscitada pelo profeta Moisés. E cada vez que a fé do povo israelita se arrefece, o povo torna-se infeliz, torna-se desgraçado, torna-se escravo. E sempre que o facho da fé arde, o povo caminha destemido no meio dos mais poderosos inimigos.

"E que mais direi da fé dos vários personagens do Antigo Testamento? Porque me faltaria tempo para falar de Gedeão, de Barac, de Sansão, de Jefté, de Davi, de Samuel e dos profetas. Pela fé, subjugaram eles reinos, exerceram a justiça, alcançaram as promessas, obstruíram as bocas dos leões, extinguiram a violência do fogo, escaparam ao fio da espada, recuperaram o vigor após a doença, fizeram-se fortes na guerra, desbarataram os exércitos dos estrangeiros" (Hb 11,32-34).

Em todo o Antigo Testamento notamos a fraqueza, a pequenez dos instrumentos de que Deus se serve para realizar as obras da salvação. Os que creem, por mais débeis que sejam, saem vitoriosos da refrega, saem enriquecidos, abençoados, felizes. O último capítulo glorioso desta fé dos verdadeiros israelitas, os Macabeus, a escreveram!

b) E o Novo Testamento, o que nos apresenta?

O Antigo Testamento é a figura, a sombra do Novo. Neste nos aparecem os mais belos tipos de fé:

– *Maria Santíssima*, símbolo vivo da fé mais viva: "Bem-aventurada porque creste que tudo isto se realizará em ti" (Lc 1,45). Ela medita e conserva tudo em seu coração, silenciosa, refletida, recolhida, calma, confiante. "Meu Filho, eles não têm mais vinho... Fazei tudo o que Ele vos disser." "O que com fé pedirdes ao meu Pai, em meu nome, acreditai, Ele vo-lo fará, mesmo que se trate de dizer a este monte: lança-te no mar, pois a Deus nada é impossível, e a quem crê, tudo se fará." Deus do nada fez tudo! Nos seus braços Maria carregava a carne de sua carne. Era apenas esta que ela via e tocava. Ela não via o Filho de Deus. E, contudo, ela criava, acreditava no Filho de Deus vendo seu próprio filho!

– E *São José*, aquela encantadora figura de homem, que se sabe responsável pelos dois mais preciosos tesouros: Jesus e Maria, e sabe desempenhar tão bem a sua tarefa. Está angustiado. Não sabe o que se realizou em Maria. Mas "José, filho de Davi, não tenhas medo; podes desposá-la; o que se realizou nela foi obra do Espírito Santo". "José, levanta-te, toma o Menino e sua Mãe, e foge para o Egito." Na mesma hora, José se levantou e foi para o Egito, levando o Menino e sua Mãe. "José, volta agora para a Palestina porque os que queriam matar o menino já pagaram o tributo à morte." E José se levanta e volta com o Menino e sua Mãe. Já São José se submetia com humilde fé às contínuas transferências!

– E o *centurião:* "Em verdade vos digo, não achei tamanha fé em ninguém de Israel" (Mt 8,10; Lc 7,9). E Tomé: "Bem-aventurados os que não viram, e creram". Mas, não obstante, Tomé também creu. Ele toca com o seu dedo os estigmas do Cristo ressuscitado e confessa: "Meu Senhor e meu Deus!" A carne de Cristo ele toca, mas a divindade ele confessa.

E o reverso da medalha? Os que não creem: "Porque não creste, não entrarás na Terra da Promissão... ficarás mudo até que nasça o menino porque não quiseste crer... muitos virão do Oriente e do Ocidente e se sentarão à mesa no reino com Abraão, Isaac, Jacó, enquanto os filhos do reino ficarão fora porque não quiseram aceitar a palavra divina... Jerusalém, Jerusalém, não ficará em ti pedra sobre pedra, porque não quiseste reconhecer o tempo da tua visitação, não quiseste crer. Quantas vezes quis eu abrigar-te sob minhas asas, como a galinha abriga os seus pintinhos, e tu foste renitente. Não creste; o resultado será: a tua desgraça, tua destruição, tua escravidão... Falo em parábolas para que vendo não vejam e ouvindo não entendam, nem compreendam".

Para que o homem creia, tenha a mais firme convicção no que o espera no mundo sobrenatural e que não aparece aos nossos olhos sensíveis, exigem-se da parte dele algumas disposições:

1. *O amor da verdade:* "Todo aquele que é da verdade ouve minha voz" (Jo 18,37). "Aquele que é de Deus ouve as palavras de Deus; por isso vós não as ouvis, porque não sois de Deus" (Jo 8,47).

2. *O amor de Deus e a pureza de intenções:* "Eu não recebo glória dos homens, mas vos conheço, e sei que não tendes em vós o amor de Deus. Eu vim em nome de meu Pai e vós não me recebeis. Se outro vier em seu próprio nome, recebê-lo-eis. Como ides crer, vós que recebeis a glória uns dos outros e não buscais a glória que procede do único Deus?" (cf. Jo 5,41.43-44).

3. *A pobreza de espírito,* (a humildade) oposta ao espírito de suficiência própria: "Eu vim a este mundo para um juízo, para os que não veem vejam, e os que veem se tornem cegos" (Jo 9,39).

A necessidade dessas disposições é evidente se nos lembrarmos que a palavra divina, que se nos comunica, é confidência repleta de confiança e amor. Reclama, pois, do homem uma correspondência também cheia de confiança e amor. Ademais, os juízos de Deus não são os nossos juízos.

Caríssimos, a palavra divina, segundo São Paulo, é viva, é penetrante como uma espada de dois gumes. Por ser assim viva, penetrante, ela provocará vida, reação. Aqui o "convertei-vos" evangélico e o "acreditai no evangelho" se encontram: reviravolta religiosa total é a fé em sua mais íntima essência. É tão profundo o seu influxo que atinge os mínimos detalhes de nossa vida: "Quer comais, quer bebais, quer façais qualquer outra coisa, fazei tudo para glória de Deus" (1Cor 10,31).

Reavivemos a nossa fé na palavra divina, conformemos os nossos juízos aos juízos de Deus, por mais insondáveis e imperscrutáveis que eles sejam, abandonemo-nos às mãos divinas. A Divina Providência nos guarda, nos governa, nos salva: "Ainda que eu andasse pelo vale da sombra da morte, não temeria mal algum, porque tu estás comigo; o teu bastão e o teu cajado me dão segurança" (Sl 23,4). Amém.

2ª Meditação

A Revelação

"Não ajunteis para vós tesouros na terra, onde a traça e o caruncho os corroem, e onde os ladrões penetram e roubam. Acumulai tesouros no céu, onde nem a traça nem o caruncho os corroem, onde os ladrões não penetram nem roubam. Onde está o teu tesouro, ali estará também teu coração" (Mt 6,19-21).

Um desses tesouros ao qual devemos dar muita atenção, em cuja aquisição e aumento devemos sempre trabalhar, cujo brilho jamais devemos deixar empanar pelo caruncho das vaidades terrestres, é o tesouro da nossa fé. Sem a fé é impossível agradar a Deus. E a fé é a segurança do que se espera, a garantia das realidades que não se veem, é a reviravolta religiosa total, na atual economia de salvação. Para aumentar este tesouro precioso, pode-se contar com um dos meios mais excelentes: a reflexão atenta, contínua, a meditação afetuosa das verdades da nossa fé, que se encontram no depósito da revelação.

Revelação, Depósito da revelação, Sagrada Escritura e Tradição, Palavra Divina: são termos que exprimem a mesma grandiosa realidade.

Revelação. Não é apenas comunicação de verdades, de realidades que não se podem conhecer física ou moralmente por via do conhecimento puramente natural, mas é a comunicação da Verdade ("O que é a verdade?"), é a presença viva de Deus vivo no seio da humanidade, à qual Deus se proclama ligado por laços de amor. No Antigo Testamento essa presença se fez sentir, de modo especial, no seio do povo eleito, o povo israelita; e no Novo Testamento, no seio do novo Israel, na Santa Igreja.

No *Antigo Testamento* o hagiógrafo (escritor sagrado) se refere a essa presença viva de Deus no seio da humanidade quando nos apresenta Deus caminhando no paraíso à brisa do meio-dia. O hagiógrafo, por este modo antropomórfico de apresentar a Deus, faz-nos sentir vivamente essa presença. Sabemos como Adão e Eva, após a queda, ocultam-se para não se encontrar com Deus, porque estavam privados daquilo que faculta o contato íntimo com Deus.

Um *pouco mais tarde*, o escritor sagrado se deleita em mostrar como a presença de Deus se torna sensível através da "coluna da nuvem" durante o dia e da "coluna de fogo" durante a noite. Por este expediente, Deus mostra ser o chefe, o guia da viagem, de dia e de noite. Deus quer permanecer junto de seus fiéis servidores, dos que o amam e dos que deseja que o amem e sirvam. Tudo faz para manifestar o seu intenso amor. Ele vai adiante do seu povo para lhe mostrar o caminho (Êx 13,21s.). E do mesmo modo ainda, entrando Moisés no Tabernáculo da aliança, descia sobre ele a "coluna de fogo" e ficava "à entrada da tenda", e falava com Moisés. Todos podiam ver a "coluna de fogo". E Deus falava a Moisés face a face, como um homem costuma falar com o seu amigo (Êx 33,9-11).

E quando Salomão dedica o novo templo que construíra para Javé, em uma nuvem desce sobre ele a glória de Javé. A nuvem de sua glória encheu o templo todo, de sorte que os sacerdotes nem sequer podiam oficiar. Mas também não há ninguém semelhante ao Deus de Israel, nem no céu, nem na terra. Ele é fiel à sua palavra, Ele é misericordioso para com os que são de coração reto e andam assim na sua santa presença. Deus o prometera: "Caminharei entre vós e serei o vosso Deus, e vós sereis o meu povo" (1Rs 8,10ss.; Lv 26,12).

Esta aproximação de Deus da humanidade recebe a sua forma mais concreta na plenitude dos templos, quando "Deus enviou o seu Filho, nascido de mulher e sujeito à Lei" (Gl 4,4). Deus se reveste da nossa carne, do nosso sangue, Deus já não só age na história humana, mas se torna Ele mesmo história: o Eterno no Tempo, o Infinito no Finito, o Imenso no Limitado, o Criador na Criatura e, na expressão paulina, o Santo no Pecador: "Aquele que não conheceu o pecado, *Ele o fez pecado*, por nós, para que nele fôssemos justiça de Deus" (2Cor 5,21).

Esta vinda visível de Deus na carne é o epílogo da primeira manifestação divina, quando no abismo do nada ressoou a voz onipotente, e se fez o que Ele mandava. É o epílogo do ato criador. É o doar-se total de Deus à humanidade, doação que inclui na atual economia da salvação o aniquilamento até a morte, até a morte de Cruz: "Ninguém tem maior amor por seus amigos do que aquele que por eles dá a sua vida" (Jo 15,13). Entusiasmado, podia São Paulo exclamar: "Havendo Deus outrora falado muitas vezes e de muitos modos aos pais pelos profetas, a nós, nestes últimos dias, falou pelo Filho, a quem constituiu herdeiro de tudo, por quem fez também o mundo" (Hb 1,1s.). Deus, nestes últimos dias, falou-nos pelo Filho, que é o herdeiro de tudo, por quem foi feito o mundo. Que palavra estupenda! É a própria Palavra Substancial, o Verbo do Pai, que veio *falar*, que se veio dar. É a manifestação plena de Deus aos homens, manifestação que será aqui vivida pela fé; mas, a partir do Juízo Final, face a face na mais beatífica das visões. É esta revelação que constitui a nossa vida eterna. Como se nos tornam mais significativas as palavras de São Pedro em Cafarnaum: "Tu tens palavras de vida eterna. A quem haveríamos de ir?" (Jo 6,68). Ele não só tem palavras de vida eterna. Ele é a Palavra eterna. Ele é a Vida Eterna. Ele é Palavra que é Vida Eterna.

Eis a revelação em seu mais rico conteúdo! Eis o objeto da nossa fé em seu mais sublime significado!

A conclusão que necessariamente se nos impõe é a do estudo atento, afetuoso, contínuo da Palavra Divina, que é *substancial* na Pessoa do Filho, que veio a nós, conversou conosco e nos tornou possível a vida eterna. Nenhum objeto mais nobre, mais digno para o estudo do que o próprio Jesus Cristo. Eis donde brota e onde novamente desemboca a nossa fé.

A essência do cristianismo, a essência da nossa fé, é Jesus Cristo, o Deus Homem. Ele é o caminho, a verdade, a vida. Ninguém vai ao Pai senão por Jesus. Quem crer em Jesus será salvo, quem não crer será condenado, já está julgado. Jesus foi posto em Israel para a ruína e a ressurreição de muitos. É o alvo de contradição. Junto dele se decide a sorte de cada ser humano e, por conseguinte, também a nossa: "Quem não está comigo, está contra mim, quem não recolhe comigo, dispersa. Quem me segue não anda nas trevas, mas terá a luz da vida. Eu sou a videira verdadeira... vós sois os sarmentos. Aquele que permanece em mim e eu nele, esse dá muito fruto... O que não permanece em mim é lançado fora como o sarmento, e seco, é amontoado e atirado ao fogo para que arda" (Jo 14,6; Mc 16,16; Lc 2,34; Jo 3,18; Mt 12,30; Jo 8,12; 15,1-8).

Ter fé é ter realizado uma reviravolta religiosa total, é ter entrado em comunhão com Cristo, é participar da sua vida, é viver o seu mistério, que na atual economia da salvação se resume no mistério *da Cruz*. Eis o tema da nossa reflexão para o aumento da nossa fé: "Era necessário que o Cristo padecesse e assim entrasse na glória" (Lc 24,26). Se quisermos ser glorificados com Cristo, é necessário que com Ele padeçamos. E tenhamos por certo que os padecimentos do tempo presente nada são em comparação com a glória que há de manifestar-se em nós. Assim seja.

3ª Meditação
O Mistério de Cristo

Entre os mistérios da nossa fé o mais profundo é o da Santíssima Trindade. Passando, porém, da vida intratrinitária para a obra criadora de Deus, o primeiro lugar na hierarquia cabe ao mistério de Cristo. Esse, o mistério de Cristo, domina a história atual da humanidade e talvez domine a história humana, na hipótese de qualquer plano criador que Deus tivesse formado. É o grande problema do "puro por causa de Cristo" ou do Cristo "só por causa de nossa salvação", ou ainda o problema do por que Deus criou? Seja, entretanto, como for, na história atual da humanidade, Cristo ocupa o primeiro lugar por direito natural e por direito adquirido.

Por direito natural, a união hipostática constitui a união mais íntima imaginável entre o Criador e a criatura, e por isso mesmo lhe confere a suprema excelência na ordem da criação.

Por direito adquirido é Ele quem, por seu sangue precioso, remiu a humanidade, dando-lhe a liberdade que o pecado tirara.

E neste mistério de Cristo, tal como aparece perante os nossos olhos que perscrutam a divina revelação, predomina o tremendo mistério da Cruz. Cristo e Cruz são duas entidades inseparáveis. Se de Cristo se anunciam coisas gloriosas, não se deixa de predizer dele também a ignomínia, a dor, a morte dolorosa. E quando Ele mesmo aparece, aparece mais no primeiro plano a Cruz do que a Glória, ou, se o quisermos, aparecem a Cruz e a Glória, porque também esse paradoxo temos no mistério de Cristo. Na Cruz se encontra a sua Glória. A Glória é um fruto da árvore da Cruz. E assim podemos resumir o mistério de Cristo como sendo a *Encarnação Redentora:* Deus Homem Redentor.

Cristo aparece. Ele não apareceu inesperadamente neste mundo. A sua vinda foi anunciada em seus mínimos detalhes. Um povo inteiro já vivia essa vinda, quando ainda estava por se realizar. A sua própria genealogia já era conhecida antes mesmo que Ele atuasse neste mundo. É admirável acompanhar, mesmo que em traços gerais, o levantar do véu acerca de Cristo.

Já nas primeiras páginas da Sagrada Escritura, no livro do Gênesis (3,15), se deixa claramente entrever a vitória que será obtida sobre Satanás pela descendência da mulher: "Porei inimizade entre ti e a mulher, entre a tua descendência e a descendência dela; a descendência dela esmagar-te-á a cabeça, tu morderás o seu calcanhar" (Gn 3,15). É o primeiro prenúncio da vitória, mas vitória dolorosa: esmagar-te-á a cabeça (vitória), tu morderás o seu calcanhar (dor, sofrimento, perseguição). Esta primeira nova de salvação (protoevangelho) assume, com o correr dos tempos, contornos sempre mais precisos, em que se torna manifesto qual descendência da mulher esmagará a cabeça da serpente infernal. O plano salvador de Deus sempre mais se aclara através da aliança feita com Noé e seu filho Sem. A Sagrada Escritura fala no "Deus de Sem", como a indicar a ligação especial dessa família ao culto de Javé, e, por ela, as outras famílias, na medida de sua união com a de Sem, poderão participar dos favores divinos. Depois de Noé, é com os patriarcas Abraão, Isaac, Jacó que Deus se alia. Neles todos os povos serão benditos (Gn 12,2s.; 17, 1ss.; 18,18; 22,18; 26,4; 28,14). Entre os descendentes dos patriarcas é a tribo de Judá que caberá em sorte dar ao mundo "aquele que deve ser enviado" da Vulgata ou o "Šfloh" do texto hebraico, e ao qual obedecerão todas as nações (Gn 49,10). E, nesta tribo, nascerá da família de Davi, de uma virgem, em Belém, a verdadeira "raiz de Jessé", o "rebento do Senhor", o "Fruto da terra", o Emanuel, que há de apascentar o povo em nome de Deus, reinando eternamente sobre ele em justiça e equidade, proporcionando-lhe vida segura e feliz (2Sm 7,12-16; Sl 71,2; 109; Sl 88,20-38; Is 7,10-17; 9,1-7; 11,1-10; 2,1-5; 4,1; Jr 23,5-8; 30,9; 33,15; Ez 21,27; 34,23s.; 37,24s.; Os 3,4s.; Mq 4,7; Am 9,11; Zc 6,12s.; 3,8).

Mas este rei pacífico, "Conselheiro maravilhoso, Deus forte, Pai para sempre, Príncipe da paz" (Is 9,5), da esfera da divindade (Dn 7,13), deverá *sofrer*. Tomará sobre si as iniquidades do seu povo, será humilhado, coberto de injúrias, de desprezo, de ultrajes. Será condenado injustamente e posto à morte como um ímpio e um malfeitor, mas a sua morte será a aurora de seu triunfo. Há de viver longos anos e terá por posteridade a multidão dos que tiverem sido justificados pelo seu sacerdócio voluntário.

Eis o quadro, a um tempo glorioso e doloroso, que nos apresenta aquele que Maria Santíssima, por ordem divina, haveria de chamar Jesus Cristo. E quando Ele aparece na plenitude dos tempos, o agir divino, que se observa por todo o Antigo Testamento, não sofre mudança. Deus, que falara ao povo por meio de gagos, que lhe dera descendência inumerável por meio de velhos, que pregara a penitência por meio de pecadores e fracos, agora aparece, Ele mesmo, pequeno, fraco, sujeito inteiramente às condições humanas, socialmente é um pobre entre os pobres. A sua família é pobre, o seu país também pobre e sujeito ao poderio estrangeiro, o lugar onde nasce não pode ser mais miserável, a cidade onde vive é conhecida como cidade donde nada de bom pode vir. Tudo nesta vida é paradoxal: desde o nascimento até a morte, tudo ocorre como se tratasse do mais normal e ao mesmo tempo do mais maravilhoso dos homens.

Belém, onde nasce, cidade pequena; e o Pastor que veio dar a sua vida por suas ovelhas nem nasce na cidade, nasce no campo, numa manjedoura, entre animais e pastores. É tão diferente este bom Pastor, que nasce durante a noite, no meio das trevas, Ele que veio trazer a luz ao mundo, e o mau pastor, que então governava a Judeia, em nome dos Romanos. E quando nasce, os primeiros que têm a honra de visitá-lo e que recebem o anúncio do seu nascimento diretamente dos anjos são pastores humildes, pobres, simples, mansos cordeiros. Mas, enquanto os anjos anunciam o nascimento aos pastores, uma estrela misteriosa nasce no oriente longínquo, comunicando aos magos o nascimento da verdadeira Estrela da humanidade. E é interessante notar a instrumentalidade dessa estrela estranha e maravilhosa. Uma vez cumprida a sua missão, ela desaparece, os magos nem sequer mais se lembram dela, porque agora encontraram a verdadeira Estrela.

É assim a vida deste ser misterioso que é o Cristo. Percorrendo a história da infância, como no-la contam os evangelistas, vemos sempre de novo ressaltadas as duas entidades: cruz e glória, "esvaziamento" e "exaltação". É a realidade que Jesus manifesta aos Apóstolos entusiasmados pelo triunfo do Mestre: "Desde então começou Jesus a manifestar a seus discípulos que tinha de ir a Jerusalém para sofrer muito da parte dos anciãos, dos sumos sacerdotes e dos escribas, ser morto e, ao terceiro, dia ressuscitar" (Mt 16,21). "Era necessário que o Cristo padecesse estas coisas e entrasse assim na sua glória" (Lc 24,26). São Paulo nos oferece o mais belo resumo do mistério cristológico: "Tende vós os mesmos sentimentos que Cristo Jesus teve: Ele subsistindo na condição de Deus, não entendeu reter para si o ser igual a Deus. Mas despojou-se a si mesmo, tomando a condição de servo, feito semelhante aos homens. E, sendo reconhecido no exterior como homem, humilhou-se, feito obediente até a morte, até a morte de cruz. Pelo que também Deus o exaltou e lhe outorgou o Nome que é sobre todo nome. Para que, ao nome de Jesus, se dobre todo o joelho de quantos há nos céus, na terra e nos abismos. E toda a língua confesse que Jesus Cristo é o Senhor, para a glória de Deus Pai" (Fl 2,5-11).

3ª Meditação – O Mistério de Cristo

Jesus é a majestade divina despojada, aniquilada por nós, é também a nulidade humana, em certo sentido, divinizada. Vemos o nosso nada subir no trono de Deus, enquanto Deus desce às nossas manjedouras; e quem realiza este prodígio de onipotência e de amor, de glorificação e de humilhação é Jesus. Certamente muda a vida quando se conhece a Jesus: se há alguém que nos amou e exaltou, então é Ele; se há glória da humildade, então é Ele; se há benfeitor do gênero humano, não há quem se possa comparar a Ele; se há pessoa digna de um amor reconhecido, que não conheça limites na oblação de si, então é certamente Jesus.

O ato mais razoável que podemos fazer em relação a Ele, filho de Deus vindo entre nós como um dos nossos, é pedir-lhe que aceite em troca a nossa pobre vida, que queremos consumir inteiramente no seu serviço.

Mas não só por gratidão; também por si mesmo pode Jesus arrebatar-nos o coração. Basta, às vezes, uma simples pessoa, bela e amável, para encher uma existência, quando se apodera do coração e o transforma em amante; não se consegue mais pensar em outro. Isso pode acontecer se conhecermos um pouco mais intimamente o Homem-Deus e lhe entregarmos nosso coração! Toda perfeição, que se encontra no universo, encontra-se toda em Deus; toda qualidade, que impressionou em uma fisionomia ou em um espírito humano, encontra-se em Deus; e Jesus é precisamente esse Deus!

Se uma vez tivermos compreendido Jesus e o tivermos amado com amor sincero, então, olhando ao nosso derredor, constataremos como tudo empalideceu: o sol não tem mais o mesmo vigor, a natureza se torna mais fria, os homens são mesquinhos. A beleza do Homem-Deus nos ofusca. Tudo o mais se nos tornou vaidade. Sentimos o bater de um coração tão bom, que os outros nos parecem indiferentes. Depois amaremos de novo as coisas com que entramos em contato, porque Jesus mesmo nos diz para amá-las; mas será um amor diferente, terá reflexos de Jesus. Diremos com toda a sinceridade, juntamente com o Apóstolo, de "ignorarmos tudo, exceto uma só coisa: Jesus Cristo, e este crucificado" (1Cor 2,2).

Jesus é o homem que o mundo de hoje procura sem ainda conhecê-lo, o homem que o mundo precisa para se refazer. Compete a nós, abrasados de amor por Jesus, dá-lo ao mundo. Temos Jesus diariamente em nossas mãos. Tenhamo-lo também em nossos corações para o gravarmos nos corações de todos que de nós se aproximam. Assim seja.

4ª Meditação

Maria

"Eis aqui a serva do Senhor. Faça-se em mim, conforme dizes" (Lc 1,38).

Há tanta coisa sobre Maria: Congressos, academias, bibliotecas, revistas, congregações de padres e freiras etc. Seria ridículo se não falasse algo sobre minha e sua mãe: nossa mãe. Nós, como filhos, temos por profissão, por vida, saber as belezas da Virgem. Espero que, se não disser nada de novo, me perdoem. E me suportem um pouco mais, já que tiveram a coragem de suportar-me até aqui.

Se a figura de Cristo domina a história da humanidade, não é menos verdade que, à direita de Cristo, se encontra outra pessoa, criatura *puramente* humana, mas que, junto com Cristo, é a glória do gênero humano. Na mais grandiosa das visões, São João descreveu aquela mulher: "Apareceu no céu, revestida de sol, com a lua debaixo dos pés e tendo sobre a cabeça uma coroa de doze estrelas" (Ap 12,1).

Maria Santíssima é a obra-prima da *ação redentora de Jesus*. Se Cristo plantou a Cruz no seio da humanidade para que pela Cruz, plantada em cada coração humano, viesse a salvação, Maria foi a primogênita da Cruz, a primeira que, de todo o seu coração, com todo o seu ser aderiu plenamente à Cruz de seu Filho. Foi em Maria que a ação redentora de Jesus se pôde expandir livremente. Não encontrou o mínimo obstáculo, a mínima imperfeição, a mínima falha. É a toda bela, toda pura, toda santa, a glória de Jerusalém, a alegria de Israel, a honra do seu povo, a nossa honra. Ela garante o pleno êxito da redenção pela sua íntima participação na obra redentora do seu Filho. Embora se percam muitos ingratos nas chamas do tormento infernal por haver calcado aos pés o sacrossanto sangue redentor, a generosidade e a doação total de Maria são mais que suficientes para Cristo se rejubilar de não haver dado a sua vida em vão pelo bem da humanidade. O seu profundo amor compensa as aflições, as tristezas, as perseguições, os atrozes sofrimentos do seu Jesus. Quem sabe que o pensamento da Mãe tenha muitas vezes servido de alento para o Filho? "Pai, passe de mim este cálice. Não, porém, como eu quero, mas como tu queres." E apareceu-lhe um anjo confortador. Este anjo confortador em seu sentido mais pleno foi sempre a Mãe Maria.

Maria é toda beleza aos olhos iluminados pela fé. Pela sua maternidade divina é elevada a uma dignidade quase infinita, a uma dignidade quase divina. Os laços misteriosos existentes entre ela e Deus só os compreenderemos e admiraremos bastante na luz da visão beatífica. É ela a Filha primogênita, bem-amada de Deus Pai, a Mãe extremosa de Deus Filho, a esposa dileta de Deus Espírito Santo. Como não deve ter sido grato a Deus repousar em tal alma, em tal terra virgínea. O Santo Cura d'Ars dizia que o Espírito Santo repousa numa alma pura como num leito de rosas. O que não terá sido o leito da alma de Maria?

Em Maria Santíssima a obra redentora de Cristo foi tão fecunda que, já no instante de sua conceição, ela não foi apenas preservada imune de toda a mancha da culpa original, mas foi invadida de um oceano tão imenso de graças que superava já então a graça e o encanto de todos os homens e anjos juntos. Se a contemplação de uma alma em estado de graça seria capaz de nos fazer desfalecer num desmaio de admiração e amor, quão mais intensa alegria, quão mais terno amor não deverá produzir a contemplação da pessoa sacrossanta de Maria na plenitude de sua graça. Deus, em verdade, esmerou-se em fazer dela a manifestação mais encantadora da pujança e potencialidade do amor divino. É ela a Mãe do Belo amor: "Mãe do belo amor".

É em Maria que o amor do Criador para com a pura criatura celebra o seu máximo triunfo. Em Maria, Deus manifesta o que Ele é capaz de realizar na criatura que souber corresponder inteiramente aos seus desígnios, à sua vontade. Não nos esqueçamos de que, na revelação, Maria aparece como o novo Israel. Se recordarmos a solicitude de Javé por seu povo bem-amado e os desígnios grandiosos a seu respeito, então podemos atinar um pouco com a riqueza deste título: Maria, o novo Israel. Maria é o encanto de Deus, ela é a inocente, pura, imaculada, santa, em que Deus se compraz.

O pouco que, de modo explícito, encontramos nas páginas sagradas acerca de Maria Santíssima é suficiente para avaliar o tesouro de uma alma toda voltada conscientemente para Deus.

"Eis aqui a escrava, a serva, do Senhor, faça-se em mim, conforme dizes." Esta palavra, que diariamente repetimos na oração do "Angelus" (O Anjo do Senhor...), talvez seja bem mais profunda do que pensamos, se nos esforçarmos por descobrir o paralelismo com outros textos sagrados.

Assim a expressão *escrava, serva do Senhor*, talvez nos faça lembrar o Servo de Javé de que fala o profeta Isaías.

O Servo de Javé é o eleito de Javé, o objeto de suas complacências. Sobre ele repousa o Espírito divino. Encarregado de exercer a justiça entre os homens, ele cumprirá sua missão com doçura e paciência, pois "Não clamará, não se exaltará, nem fará ouvir a sua voz na praça. A cana rachada não quebrará, nem apagará o pavio que fumega; com verdade trará justiça. Não faltará, nem será quebrantado, até que ponha na terra a justiça; e as ilhas aguardarão a sua lei!" (Is 42,2-4). Javé o chamou, o tomou pela mão e o guarda para fazer dele a aliança entre Deus e Israel. Ele abrirá os olhos dos cegos e livrará os cativos (cf. Is 42,1-7). Como um discípulo dócil, ele escuta a voz de Javé; ele não foge à sua missão, apesar das provas pelas quais deverá passar, seguro de que o Senhor o confortará. Javé mesmo confundirá os seus adversários (cf. Is 50,4-11). Em humilde meditação, façamos a aplicação desses textos à serva de Javé, que é Maria, e veremos como a sua figura mansa, meiga, humilde, tem tanta semelhança com o quadro que Isaías, com mão de mestre, nos traça do Servo de Javé.

Outro texto sagrado, do qual talvez possamos aproximar as palavras: "Eis a escrava, a serva do Senhor" (Fl 2,5-11), em que São

Paulo nos apresenta, em breves linhas, um resumo do mistério de Cristo: encarnação – crucifixão – exaltação. Diz São Paulo que Cristo "despojou-se a si mesmo, tomando a condição de servo". Maria também "esvaziou-se de si mesma": despojou-se, tomando a condição de serva. A sua glória de Mãe de Deus, quem a conhecia, quando humilde, silenciosa, sem levantar a sua voz, qual pomba com seu doce arrulhar de virtudes passava por esta terra pecadora para torná-la novamente tão virgem como saíra das mãos do Criador? E Cristo, como servo de Javé, se fez obediente até a morte, e não qualquer morte, mas a morte da Cruz. Ora, ao pé da Cruz estava Maria, sua Mãe. Essas lacônicas palavras de São João, discípulo predileto do Mestre, dizem o bastante para quem conhece a alma contemplativa do nosso evangelista.

E a palavra "faça-se", "fiat", não faz espontaneamente pensar naquele *faça-se* da criação, que, segundo a narrativa do Gênesis, ressoou seis vezes pelo caos do mundo? E de cada vez o seu efeito é estupendo. Ora, no caso de Maria Santíssima, pelo seu *Faça-se* se realizou algo maior do que a criação do Universo, realizou-se a união íntima, substancial, da criatura com o Criador.

O "fiat" poderoso de Maria, a onipotência suplicante, é o início de uma nova criação.

"Maria guardava tudo isso e meditava-o em seu coração" (Lc 2,19.51). Alma refletida e recolhida é de Maria. É alma orante: "Todos estes perseveraram unânimes na oração, com algumas mulheres, com Maria, a Mãe de Jesus, e com os irmãos de Jesus" (At 1,14). A meditação das verdades eternas é imprescindível na vida cristã (religiosa, sacerdotal e leiga). Ela eleva a alma, guia-a para Deus e a faz viver numa atmosfera sobrenatural de pensamentos e afetos. Maria nos indica qual deva ser a fonte principal de nossas meditações. Lembremo-nos do seu cântico, o "Magnificat". Recorda tantos lugares paralelos da Escritura do Antigo Testamento! A Sagrada Escritura deve ser nossa fonte principal. Nós todos devemos reproduzir em nós as virtudes do Redentor. Nada melhor e mais útil do que manusear continuamente os Evangelhos, de sorte que se tornem nossa carne e nosso sangue.

"Ao pé da Cruz estava Maria sua Mãe" (Jo 19,25). Permanecer ao pé da Cruz, abraçados à cruz, nós que devemos plantar a Cruz nos corações dos homens, deve ser um dos maiores ideais da nossa vida. Vítimas com Jesus. Vítima não é somente o dever das almas místicas, mas o dever de qualquer cristão que ame sinceramente a Jesus.

Caríssimos, sete são as lições principais que a vida de Maria Santíssima nos ensina:

1) Fé profunda.
2) Humildade sincera.
3) Dedicação a Deus e a Jesus Cristo.
4) Dedicação às almas.
5) Valor da vida oculta.
6) Valor da vida sobrenatural.
7) Oração contínua.

Formemo-nos nesta escola de Maria, porque se formar na escola de Maria é formar-se na escola de Jesus. "Eis aqui a serva de Javé, faça-se em mim, conforme dizes." Assim seja.

5ª Meditação
A Igreja

Já ouvimos São Paulo dizer que, nestes últimos dias, o Pai nos falou por seu Filho, a quem constituiu herdeiro de tudo, por quem fez o mundo. Esta voz de Jesus ainda continua a ressoar no mundo. A Revelação, que é o Cristo, plena comunicação de Deus ao mundo, continua *viva* como nos dias da carne do Senhor, num *organismo vivo*, o organismo da Santa Igreja, o Cristo Místico.

Uma das grandes ideias, que encontramos na Revelação, é a do Reino de Deus. Já nas primeiras páginas do Antigo Testamento se vê, de modo bastante claro, afirmada essa ideia, quando o hagiógrafo, descrevendo a criação do mundo, apresenta-nos Deus como Senhor do universo, que fez tudo aquilo que existe, a quem tudo pertence, e que, consciente desse seu pleno direito, constitui o homem como seu lugar tenente. O homem recebe de Deus, Senhor do Universo, o domínio sobre os peixes do mar, as aves do céu, as árvores da terra, os animais que se movem sobre a terra, e mesmo a terra lhe é entregue para que ele a cultive. Mas Deus conserva o seu poder absoluto sobre o homem. É o que também transparece pela imposição ao homem de um preceito especial. Pela observância desse preceito o homem reconhece a suprema soberania de Deus. Ora, o homem frustrou o plano divino. Afastou-se de Deus. E embora Deus tivesse vindo e chamado à razão o homem prevaricador, ele não se quis convencer: a carne se corrompeu. E, apesar do dilúvio, a carne novamente começou a se corromper, até que Deus tomou a grande iniciativa: "Ora, o Senhor disse a Abrão: Parte da tua terra, da tua parentela e da casa de teu pai, para a terra que eu te mostrarei. Eu farei de ti uma grande nação e te abençoarei. Engrandecerei o teu nome: Tu serás uma bênção!" (Gn 12,1s.). É a vocação de um povo, o povo de Javé. Deus não deixa de ser por direito o rei de todas as nações, mas, de modo especial, Ele será o soberano dos descendentes de Abraão. Esses descendentes serão os depositários das promessas messiânicas. E quando, séculos mais tarde, o Messias aparece nas margens do Jordão, pregando: "Cumprido está o tempo, e está próximo o Reino de Deus (ou talvez mais exatamente: está aí o Reino de Deus!), convertei-vos e crede no Evangelho" (Mc 1,15), é sinal de que estamos nos últimos dias (*dies novíssimi*) em que a restauração será definitiva, em que Deus voltará a ser o Rei do Universo, reconhecido como tal pelos seus súditos, os homens.

Este Reino misterioso, que não é deste mundo, mas cuja semente, assim mesmo, é lançada neste mundo pelo Filho do Homem, onde ela deve crescer e desenvolver-se até se tornar árvore frondosa em que os pássaros das quatro extremidades da terra virão pousar. Esse Reino possui muitos aspectos, dos quais cada qual pode ser matéria abundante de meditação. É semelhante ao grão de mostarda, ao fermento, ao tesouro escondido, à pérola preciosa, à rede lançada no mar...

– É um *edifício* construído sobre uma rocha: "Tu és Pedro e sobre esta pedra edificarei a minha Igreja"; será sólido, e tão sólido que nenhum ímpeto humano ou diabólico será capaz de fazê-lo ruir: "e as portas do inferno (as potências infernais) não prevalecerão contra ela" (Mt 16,18). "Caiu a chuva, vieram as torrentes, sopraram os ventos, e deram sobre a casa, porém esta não desabou, porque estava fundada na rocha" (Mt 7,25).

– É um *corpo,* cujos membros são os fiéis, e cujas operações são governadas pela Cabeça, que é Jesus, representado visivelmente pelo seu lugar tenente na terra (Rm 12,4-6; 1Cor 12,12-27; Ef 4,4).

– É a *esposa* pela qual Cristo se entregou "para santificá-la, purificando-a com a água que lava, e isso pela Palavra, a fim de apresentá-la a si gloriosa, sem mancha ou ruga ou coisa semelhante; quis a sua Igreja santa e irrepreensível" (Ef 5,26s.).

– É o *redil,* que possui um Pastor supremo invisível, que deixou um lugar tenente visível: "Simão, filho de João, amas-me? – Sim, Senhor, tu sabes que te amo. – Apascenta os meus cordeiros, apascenta as minhas ovelhas" (Jo 21,15-17). O ideal é que haja um só rebanho e um só pastor (Jo 10,16).

– É uma *videira,* cujos ramos são os que creem em Cristo, e cujo agricultor é o Pai: "Eu sou a videira verdadeira, vós os ramos, o Pai é o agricultor" (Jo 15,1ss.).

– É um *templo* que cresce no Senhor, que é morada de Deus, no Espírito (Ef 2,19-22; 1Pd 2, 4-10; 1Cor 3, 9.16s.).

Sabemos que esse Reino, esse redil, essa esposa, essa videira, esse templo, essa pérola preciosa, esse tesouro escondido, esse fermento, esse grão de mostarda é a Igreja. É dentro dela que os homens reencontrarão a sua soberania perdida sobre as coisas do mundo, é dentro dela que reencontrarão o caminho para a casa paterna. A Igreja é o lugar de encontro de todos com o Pai, no Cristo. São Pedro exprime de modo muito claro e sugestivo este processo: "A Ele (Jesus) haveis de achegar-vos, como à pedra viva rejeitada pelos homens, porém escolhida, preciosa diante de Deus e vós mesmos, como pedras vivas, sede edificados em casa espiritual e sacerdócio santo, para oferecerdes sacrifícios espirituais agradáveis a Deus por Jesus Cristo" (1Pd 2,4s.). "Já não sois estrangeiros, diz por sua vez São Paulo, mas concidadãos dos santos e familiares de Deus, edificados sobre o fundamento dos apóstolos e dos profetas, sendo pedra angular o próprio Cristo Jesus. Nele se une toda a edificação e cresce para um templo santo no Senhor, nele vós também sois edificados para morada de Deus, pelo Espírito" (Ef 2,19-22).

É desse Reino e, por conseguinte, desse mistério da Igreja, que nós participamos, desde o dia em que, pelo santo batismo, fomos incorporados neste Corpo do Senhor. O nosso papel, a nossa tarefa, é de modo geral indicado por São Pedro e por São Paulo: devemos ser pedras *vivas*, devemos ser morada *santa*, povo *santo*. O fato de sermos *morada* de Deus, povo de Deus, exige de nós uma pureza de alma sem igual. São Paulo tem esta afirmação: "Se alguém profanar o templo de Deus, Deus o destruirá. Porque o templo de Deus é santo, e esse templo sois vós" (1Cor 3,16s.).

E a condição fundamental, que sempre de novo se exige de nós para realizarmos o ideal de pureza e de santidade, é de uma *fé profunda*: "acreditai no evangelho". E essa fé é tanto mais necessária, quanto mais percebermos os elementos humanos, frágeis, fracos da Igreja. Junto aos elementos divinos existem esses elementos humanos. Enquanto a Igreja peregrinar neste mundo, nem tudo será virtude, nem tudo será grandeza. Mas a fraqueza será, muitas vezes, mais visível do que a sua grandeza. Mas é precisamente nesta fraqueza que está de novo a sua grandeza. Quem toma o lugar visível de Cristo é um homem. Não nos esqueçamos. Um homem frágil: "Retira-te de mim, Satanás; tu me serves de escândalo, porque não sentes as coisas de Deus, e sim as dos homens" (Mt 16,23). Nem sempre os vigários de Cristo se distinguiram por sua excelsa santidade. Que épocas dolorosas! E como a fé de muitos ficou abalada! E até hoje constituem verdadeiros empecilhos para os não crentes. Mas, para nossa fé, nós que vivemos numa época em que, no trono de São Pedro, temos um autêntico santo, uma pérola de homem de Deus, há ainda campo para exercitá-la, porque, fora do Vigário de Cristo, há outros que receberam também a missão de ligar e desligar em seu respectivo território: os bispos. Eles foram postos pelo Espírito Santo para governar a Igreja de Deus. Eles, como tais, são nossos guias e também nossos mestres: "Quem vos ouve, a mim ouve; e quem vos despreza a mim despreza; e quem me despreza, despreza aquele que me enviou". Os bispos são, por direito divino, os pastores e os mestres na sua diocese. A cura de almas ou o magistério que nós sacerdotes exercemos, nós o exercemos como delegados do bispo diocesano. Não nos esqueçamos disso. A consequência é que, na paróquia, não devemos realizar nossas ideias, mas as do bispo. A união dos sacerdotes, encarregados da cura de almas e do magistério, como bispo diocesano, é obrigação grave em consciência. O nosso privilégio de isenção não vale quando se trata deste campo das almas. Tenhamos sempre diante dos olhos a admoestação de Santo Inácio de Antioquia: "Os cristãos nada façam sem o bispo, que é o pensamento de Jesus Cristo, como Jesus Cristo é o pensamento do Pai. O bispo é a imagem do Pai; nada deve ser feito sem a sua presidência, pois ele está no lugar de Deus. Quem honrar o bispo, por Deus será honrado; quem agir à sua revelia, serve ao diabo. E mesmo sendo o bispo de pouca idade, não se deve abusar dele, mas testemunhar-lhe todo o respeito". "Numa época como a nossa, em que o princípio de autoridade está gravemente abalado, é absolutamente necessário que o sacerdote, firme nos princípios da fé, considere e aceite a autoridade não só como baluarte da ordem social e religiosa, mas também como fundamento de sua própria santificação pessoal" (*Menti Nostrae:* ao clero do mundo católico sobre a santidade da vida sacerdotal – 1950, de Pio XII). Se encontrarmos dificuldades, uma que outra vez, no trato de questões com o bispo diocesano, examinemo-nos bem para ver se talvez não haja culpa da nossa parte.

Jesus ama intensamente a sua Igreja. Por ela deu a sua vida. Imitemos, nós, o divino Mestre neste seu amor de predileção e renovemos a nossa fé rezando: "Creio na Santa Igreja, Católica, Apostólica, Romana". Assim seja.

6ª Meditação
O Mistério do Cristão

"Revesti-vos do Senhor Jesus Cristo, e não procureis satisfazer a carne em suas concupiscências" (Rm 13,14).

Cristo, plena comunicação de Deus ao mundo, suma manifestação de Deus "ad extra", a mais grandiosa obra de amor divino em relação às criaturas; *Igreja*, prolongamento do mistério de Cristo através do tempo e do espaço até a volta do Senhor; *nós*, membros da Igreja, incorporados pelo santo batismo ao mistério de Cristo, nos mesmos mistérios pela transformação radical produzida em nós pela infusão da graça de Cristo. O momento mais significativo da nossa vida, elemento determinante dela, foi o do *santo batismo*. Por ele iniciou-se uma comunhão íntima com Deus, comunhão que os livros sagrados exprimem sob as mais diversas imagens: "Vós sois lavoura de Deus, edificação de Deus, templo do Espírito Santo, membro de Cristo". E não apenas comunhão íntima com Deus, se não também com todos os remidos de Cristo: "Todos os que fostes batizados em Cristo, vós revestistes de Cristo. Não há judeu nem grego, não há escravo nem livre, não há homem nem mulher, pois todos vós sois uma só pessoa em Cristo Jesus" (Gl 3,26s.). Todos nós somos consanguíneos, concorpóreos em Cristo Jesus. Tornamo-nos *um* em Cristo, revestimo-nos de Cristo, deixamos de ser de nós mesmos para nos tornarmos propriedade de Cristo: "Já não sois de vós mesmos, exclama São Paulo, escrevendo aos Coríntios". E por quê? "Porque fostes comprados por alto preço" (1Cor 6,19). E qual tenha sido esse alto preço no-lo diz São Pedro: "Fostes resgatados... não por coisas corruptíveis, ouro ou prata, mas pelo precioso sangue de Cristo, como de um cordeiro imaculado e sem defeito algum" (1Pd 1,18s.).

Uma vez que são muitas as imagens sob as quais na revelação vem descrita essa nossa incorporação a Cristo, essa nossa consanguinidade divina, destaquemos duas que encontramos no evangelista São João e que Nosso Senhor mesmo propôs. Uma é a da célebre alegoria da videira e dos ramos, a outra é aquela circunsessão trinitária, a saber, a união íntima das três Pessoas divinas, no mistério da Santíssima Trindade.

A videira e os ramos. Ouçamos e saboreemos esta alegoria. "Eu sou a videira verdadeira, e o meu Pai é o vinhateiro. Todo o sarmento que em mim não der fruto, Ele o cortará; e todo o que der fruto, Ele o podará, para que dê mais fruto... Assim como o sarmento não pode dar fruto por si mesmo se não permanecer na videira, assim também vós, se não permanecerdes em mim. Eu sou a videira, vós sois os sarmentos. Aquele que permanece em mim e eu nele, esse dá muito fruto, porque sem mim nada podeis fazer. O que não permanece em mim é lançado fora, como sarmento, e seca. Depois são amontoados e atirados ao fogo para que ardam. Se permanecerdes em mim e minhas palavras permanecerem em vós, pedi o que quiserdes e ser-vos-á dado. Nisto meu Pai será glorificado, que deis muito fruto, e assim sereis meus discípulos" (Jo 15,1-8).

Essa alegoria indica a consubstancialidade de Cristo-videira e dos homens-sarmentos, e o influxo de Cristo na Igreja. Cristo é a videira e, como homem, é da mesma natureza que os sarmentos. O Pai é o vinhateiro. Ele enviou o Verbo para que assumisse a natureza humana e assim tivesse poder sobre toda carne (Jo 17,2s.).

Os sarmentos principais, em que o Pai é glorificado de modo especial, são os Apóstolos, enviados por Cristo ao mundo para que "produzam fruto e seu fruto permaneça" (Jo 15,8.16; 17,18; At 20,28).

A missão apostólica, pela qual os Apóstolos como discípulos de Cristo devem dar muito fruto, é a máxima glorificação do vinhateiro, que é o Pai (Jo 15, 8;17,4-9).

Outros ramos são os fiéis, os que creem em Cristo, os que aceitam sua palavra.

Na videira há ramos que não dão fruto (os pecadores) e ramos que produzem fruto (os justos). Os que não produzem fruto serão cortados e lançados ao fogo para que ardam. Os que dão fruto também devem sofrer, porque o Pai há de podá-los para que produzam mais fruto (Jo 15,2).

Aqui se indica que a Igreja, nesta terra, ainda é imperfeita, possui rugas. Pode ser aperfeiçoada nos seus membros.

Fora da videira não há salvação: aquele que é lançado fora, cortado da videira, seca, será amontoado e atirado ao fogo (Jo 15,6).

A videira, a seu tempo, vai sofrer com o frio, a geada, isto é, com as perseguições a que ficará sujeita. Cristo indicou-o claramente: "Se a mim perseguiram, também perseguirão a vós; se guardaram a minha palavra, também guardarão a vossa" (Jo 15,20). A sorte dos ramos será a mesma da videira. Estão intimamente unidos. Mas a perseguição é incapaz de extinguir a videira. O sangue dos mártires há de irrigar a videira, dando-lhe nova força, novo vigor: "O sangue dos mártires é semente de cristãos".

Quanto mais o demônio e seus seguidores se esforçarem por cortar os ramos da videira, tanto maior será a pujança da mesma, tanto maior o número dos que aderirão fielmente a Cristo. "Cortado Estêvão, diz São João Crisóstomo, floriu Paulo".

Se bem atendermos a essa alegoria, podemos ver que Cristo afirma uma comunhão íntima entre os ramos e a videira não só na ordem do ser, mas também na ordem do agir. A inserção dos ramos na videira é tão íntima que a nossa vida e os nossos frutos serão vida e frutos de Cristo.

A circunsessão trinitária. A esta comparação Jesus recorre quase no auge de sua vida, na sua oração sacerdotal: "Pai, que todos sejam um, como tu, Pai, em mim, e eu em ti, para que também eles sejam um em nós" (Jo 17,21). A nossa unidade com Cristo e entre nós deve ser tão profunda que se possa comparar à unidade que existe entre o Pai, o Filho e o Espírito Santo, que é unidade essencialmente numérica, que faz o Pai estar todo no Filho, o Filho todo no Pai, o Espírito Santo todo no Pai e no Filho, e o Pai e o Filho todo no Espírito Santo. Esta unidade profunda Nosso Senhor exprimiu de modo muito concreto quando, no caminho de Damasco, advertiu a Saulo: "Saulo, Saulo, por que me persegues?" Saulo pensava perseguir apenas os cristãos. Mas Jesus lhe aparece e lhe revela o mistério escondido desde séculos em Deus: os cristãos e Cristo formam íntima unidade. É o reino messiânico em toda a sua essência.

Por conseguinte, o nosso próprio mistério é viver o mistério de Cristo. Somos outros Cristos.

Se, pois, nosso ser é conforme ao ser de Cristo, segue-se que nossa ação deve também ser ação conforme à de Cristo. É o que proclama São Paulo: "Tende em vós os mesmos sentimentos que Cristo Jesus" (Fl 2,5); "Revesti-vos do Senhor Jesus Cristo e não procureis satisfazer a carne em suas concupiscências" (Rm 13,14); "Já não vivo eu, mas sim Cristo em mim; sede, pois, os meus imitadores, como eu o sou de Cristo" (Gl 2,20).

E quando a nossa ação será conforme a de Cristo? Se permanecermos no seu amor: "Permanecei no meu amor" (Jo 15,10). E como permaneceremos no amor de Jesus? Guardando os seus mandamentos: "Se guardardes meus preceitos, permanecereis no meu amor, como também eu guardei os preceitos de meu Pai, e permaneço no seu amor" (Jo 15,10). Só assim nossa alegria será perfeita, e seremos realmente seus amigos: "Vós sois meus amigos se fizerdes o que eu vos mando... Isto vos tenho dito para que minha alegria esteja em vós, e vossa alegria seja completa" (Jo 15,14.11). E sendo seus amigos, observando o que Jesus ordena, nada precisamos mais recear na vida. Ele é o nosso advogado poderoso junto ao Pai, e se pedirmos algo em seu nome, Ele no-lo fará: "Se pedirdes algo em meu nome, eu vo-lo farei" (Jo 14,14), "Pedi o que quiserdes, e ser-vos-á dado" (Jo 15,7).

Não percamos jamais de vista em nossa vida a pessoa do Divino Mestre. Deixemos penetrar em nosso ser e em nosso agir o que Ele mesmo disse com tanta ênfase: *"Eu sou o caminho, a verdade e a vida"*. Ele é a nossa vida, pois desceu do Pai para isso. E a vida eterna é esta "Que eles te conheçam a ti, um só Deus verdadeiro, e a Jesus Cristo que tu enviaste" (Jo 17,3). "Eu vim para que tenham a vida e a tenham em abundância." "Eu sou a ressurreição e a vida." "Quem come a minha carne e bebe meu sangue, tem a vida eterna."

Ele é a nossa verdade: "A quem haveremos de ir? Tu tens palavras de vida eterna. Sabemos que tu és verdadeiro, que tu vieste de Deus".

Ele é o nosso caminho: "Ninguém vai ao Pai se não por mim".

Revistamo-nos cada dia de novo de Cristo, não procuremos satisfazer as concupiscências da carne, mas apresentemos nossos corpos como hóstia viva, santa, agradável a Deus, como nosso culto espiritual (Rm 12,1). Assim seja.

7ª Meditação

O Mistério Eucarístico

"Eis que estarei convosco até a consumação dos séculos" (Mt 28,20).

O mistério de Cristo é o da Encarnação Redentora. Seu caminho foi o da Cruz. A Igreja, prolongamento de Cristo, será também Encarnação Redentora, seu caminho será igualmente o caminho da Cruz. Encarnar as realidades celestes, trazidas por Cristo, nas realidades terrestres, eis a grande tarefa da Igreja. Mas essa Encarnação, para ser redentora, virá sempre acompanhada da Cruz. Tudo na religião cristã vem marcado com esse sinal maravilhoso. E quando Cristo aparecer no fim dos tempos, nas nuvens do céu para julgar os vivos e os mortos, ainda aparecerá esse sinal, e à vista dele os maus hão de tremer, ao passo que os justos se rejubilarão com o sinal que lhes trouxe a salvação eterna. Para que esta verdade básica se conservasse sempre viva na Igreja, Cristo, antes de partir deste mundo para o Pai, tomou em suas mãos pão e vinho e disse: "Este é o meu corpo, este é o meu sangue. Fazei isso em memória de mim. Todas as vezes que comerdes deste pão e beberdes deste cálice anunciareis a morte do Senhor até que Ele venha".

Esta Cruz, que deverá marcar as nossas almas, nós vamos encontrá-la com seu fruto precioso no centro da Igreja, no centro de todos os altares do mundo. Vamos encontrá-la na Santa Missa e no sacrário. O Cristo não nos deixou órfãos, ao partir deste mundo. Além de nos enviar o Espírito Santo, permaneceu Ele mesmo conosco, e permaneceu conosco em seu estado de vítima, embora imolado de modo sobrenatural, que escapa a qualquer categoria do pensamento humano. O Cristo, isto é, o Cristo do Calvário, está aí mesmo, vivo e verdadeiro, a renovar diariamente seu mistério, está aí a esperar cegos, coxos, doentes, enfim, todos que estiverem atribulados e sobrecarregados. A todos, sem exceção alguma, Ele aliviará. A Eucaristia é como que o coração da Igreja. Ao redor dela gravita a humanidade remida.

A Eucaristia é sacrifício e sacramento. Não é puramente sacrifício, mas é, ao mesmo tempo, alimento. É "sacrifício alimentar" ou banquete, convívio sacrifical.

A Eucaristia é sacrifício. É o sacrifício da Cruz, incruentamente renovado, misticamente representado, vivamente recordado, eficazmente aplicado. É a mesma hóstia, o mesmo sacerdote principal que agora se oferece recorrendo às mãos sacerdotais instrumentais só o modo de oferecer diversos. Lá cruento, aqui incruento; lá doloroso, aqui glorioso; lá visível, aqui antes invisível, se bem que assinalado pelas espécies consagradas.

Entre os atos de religião nenhum mais excelente que o sacrifício eucarístico: é a oblação pura, a vítima imaculada com que o Pai, já séculos antes de sua atualização, regozijava-se pela boca do profeta Malaquias: "Desde o oriente até o ocidente será grande meu nome entre os povos; em todo lugar se sacrifica e se oferece ao meu nome uma oblação pura" (Ml 1,11).

Na Cruz, é verdade, imolou-se o Cristo, mas Ele se imolou como Cabeça da humanidade e, assim, junto com Ele, imolou a humanidade toda. Ora, na Santa Missa, renovação do sacrifício da Cruz, Cristo mais uma vez se imola de modo sobrenatural, como Cabeça da humanidade, e consigo imola essa mesma humanidade. Daí já se vê clara a conclusão: devemos todos participar de modo vivo desse sacrifício, tomando nosso estado de vítima, sendo também hóstias com Jesus Hóstia, vivendo intensamente nossa Santa Missa. "Revestir-se de Cristo não é somente inspirar os próprios pensamentos na sua doutrina, mas também entrar em uma nova vida, a qual, para brilhar com os esplendores do Tabor, deve conformar-se com os sofrimentos de nosso Salvador no Calvário. Isso importa num longo e árduo trabalho que transforma a alma no estado de vítima, para que participe intimamente do sacrifício de Cristo. Esse árduo e assíduo trabalho não se realiza com vãs veleidades, nem se consome com desejos e promessas, mas deve ser um exercício indefesso e contínuo, que leve ao renovamento do espírito; deve ser exercício de piedade, que tudo refira à glória de Deus; deve ser exercício de penitência, que refreie e governe os movimentos do espírito; deve ser ato de caridade, que inflame o ânimo de amor a Deus e ao próximo, e estimule a praticar obras de misericórdia; deve, enfim, ser vontade operosa de luta e de fadiga para fazer o bem" (*Menti Nostrae*).

Também nós devemos dar nosso corpo e derramar o nosso sangue em remissão dos pecados. "O Sacerdote deve esforçar-se por reproduzir na sua alma tudo quanto se produz sobre o altar. Como Jesus se imola a si mesmo, assim seu ministro deve imolar-se com Ele; como Jesus expia os pecados dos homens, assim ele, seguindo o árduo caminho da ascética cristã, deve alcançar a própria e alheia santificação" (*Menti Nostrae*).

Temos, aqui, a mais salutar e benéfica fonte do nosso apostolado. "Temos em nossas mãos um grande tesouro, uma preciosíssima pérola: as inexauríveis riquezas do sangue de Jesus Cristo; utilizemo-nos copiosamente delas, para sermos com o total sacrifício de nós mesmos oferecidos ao Pai com Jesus Cristo... e para merecermos que nossas orações sejam aceitas e alcancem superabundantes graças para toda a Igreja e todas as almas" (*Menti Nostrae*).

Nós religiosos e sacerdotes, mais do que os demais cristãos, devemos viver diariamente a ideia de sacrifício que é oblação e imolação até o aniquilamento de nós mesmos, se Deus assim o quiser. Isto se chama "ter os mesmos sentimentos que Cristo Jesus".

A Santa Missa é também convívio, banquete. Quem quiser compreender o sacrifício eucarístico em sua plena realidade não pode perder de vista essa categoria.

Qual é o sentido formal de convívio, de banquete? É um sinal de amizade, de confiança, de amor, de intimidade. E o banquete eucarístico, qual o seu sentido? Exatamente o mesmo. É sinal de amizade, de confiança, de amor, de intimidade. O alimento é o próprio corpo e sangue de Cristo, que é, ao mesmo tempo, o anfitrião. Temos aqui o auge da Encarnação redentora: a união com Cristo nesta vida mortal é levada ao seu auge (*Mystici Corporis*), Cristo se identifica o mais possível com o homem remido.

Um banquete tem também ainda este sentido social que manifesta de certo modo a unidade entre os convivas e o anfitrião, pode ser vínculo de caridade. Ora, tudo isso temos no banquete eucarístico. Todos ao redor da mesma mesa, sem distinção de classes sociais, de cores, de idade, de raças. Todos consanguíneos e concorpóreos. E se quisermos ainda ir mais longe, podemos dizer que o convívio eucarístico manifesta a reconciliação perfeita entre Deus e a criatura. A Vítima, ofertada pela criatura ao Criador em reparação dos pecados, é agora por Deus dada à criatura como mostra da paz feita. Cristo, o mediador; Cristo, o pacificador entre o céu e a terra.

Se sobre essas coisas refletirmos, então recebem novo realce as afirmações de Cristo: "Quem come minha carne e bebe meu sangue, permanece em mim e eu nele. Quem come minha carne e bebe meu sangue, tem a vida eterna e eu o ressuscitarei no último dia ("Eu sou a ressurreição e a vida"). Quem me come, viverá por causa de mim. Quem come deste pão, viverá eternamente" (Jo 6,53-58). É a felicidade eterna da alma e do corpo: eis o que a Santa Missa é para o homem.

Com que piedade e devoção não devemos aproximar-nos, cada dia, do altar de Deus em que, sem cessar, se renova a nossa juventude! A Santa Missa transcende tempo e espaço. Jamais perde seu vigor, sua eficácia, sua juventude. É a torrente inesgotável do sangue divino, derramando-se sobre a humanidade. "Quem crer em mim, do seu seio manarão rios de água viva." Quem quiser, poderá tirar dessa fonte de vida sobrenatural os inexauríveis tesouros da salvação e todos os auxílios de que necessitar pessoalmente e para o bem dos outros (*Menti Nostrae*). Assim seja.

8ª Meditação

Presença e alimento de vida

"Quem comer deste pão viverá eternamente"
(Jo 6,58).

Se nossa fé for viva, não podemos esquecer-nos do maior tesouro que possuímos. É um tesouro, uma preciosidade, que está sempre ao alcance das nossas mãos. Não há perigo, não há dificuldade na vida capaz de nos abater, se for viva nossa fé na presença eucarística de Jesus. Os apóstolos, na companhia de Jesus, jamais tiveram medo. Jesus saía vitorioso de todas as investidas dos adversários. Quantas vezes os apóstolos não terão rido, divertindo-se, destes hipócritas fariseus e escribas, que voltavam sempre com os topetes caídos! Enquanto estavam com Jesus, os apóstolos não se deixavam abater. Sentiam-se seguros e confiantes. Ora, nós estamos em idêntica situação. Jesus está a um passo de nós. E não há o perigo de Ele se separar de nós. E para que Jesus está aí? Por que não se separa de nós? Porque deseja ser o nosso alimento, receber nossas homenagens, ser nosso consolo, continuar seu ensino.

1. Ser o nosso alimento

As palavras de Jesus a esse respeito nos são demais familiares: sua carne é verdadeiramente comida e seu sangue é verdadeiramente bebida. Esse alimento tem efeitos maravilhosos:

a) Produz em nós a vida eterna: "Quem comer deste pão viverá eternamente". O que podemos querer mais?

b) É penhor da nossa ressurreição gloriosa: "Quem comer a minha carne e beber o meu sangue terá a vida eterna, e eu o ressuscitarei no último dia".

c) Põe na nossa carne a semente da ressurreição. Nossa carne em contato com a carne eucarística necessariamente se virginiza. A concupiscência perde muito de sua intensidade à medida que nos vamos unindo mais vezes a Jesus Eucarístico pela sagrada comunhão. Já santo Inácio de Antioquia, escrevendo aos Efésios, insistia nestes efeitos eucarísticos: a Eucaristia é o remédio da imortalidade, o antídoto contra a morte, nos faz viver em Jesus Cristo para sempre. Além desses efeitos mais individuais, a Eucaristia produz benéfica influência na sociedade. A Eucaristia-alimento repercute sobre todo o organismo do Corpo Místico. É um dos mais inefáveis vínculos de união dos fiéis cristãos entre si e com o Cristo. Recebendo a Jesus, autor da graça sobrenatural, haurimos dele o Espírito de caridade, que nos fará viver não a nossa, mas a vida de Cristo e amar o próprio Redentor em todos os membros do seu corpo social. Quanto mais íntima nossa união com Cristo, mais íntima será nossa união com os outros fiéis, porque o lugar de encontro é Jesus Cristo. Ele traz a todos "encarcerados" amorosamente em seu dulcíssimo Coração. Disso resulta que união mais íntima com Cristo significa união mais íntima com o próximo; o aumento de amor para com Deus traz consigo o aumento de amor para com o próximo.

Para obter o renascimento de uma paróquia, é necessário que se torne mais frequente o *alimento* das almas. Os verdadeiros fiéis da paróquia não se contam nos cortejos e nas procissões, nem sequer na missa dominical apenas. Os verdadeiros fiéis, os vivos, veem-se aos pés do altar quando o sacerdote distribui o Pão vivo descido do céu (Pio XII). A Igreja de Jesus Cristo não tem outro pão senão este para saciar as aspirações e desejos das almas, para uni-las intimamente a Jesus Cristo, para, enfim, torná-las um só corpo, unindo-as entre si como irmãos, aqueles que à mesa celeste se sentam para tomar o remédio da imortalidade.

Para se renovar a vida e a piedade cristã, dizia Pio XII na sua rádio mensagem ao 14º Congresso Eucarístico Nacional Italiano, aos 13 de setembro de 1953: para a defesa e a ação no campo de Deus, a reserva por excelência das energias necessárias para todos e para cada um é a Eucaristia. Como no passado, assim também no presente, não há progresso de santidade na Igreja que não deva o seu feliz êxito ao mistério eucarístico. Mesmo no campo social os ideais elevados de paz, justiça, igualdade, genuína liberdade, ardentemente acariciados pelos homens modernos, teriam aliados bem mais numerosos e eficientes, se maior fosse o número dos honestos, dos que vivem o Sacramento do Deus-conosco.

2. Para receber nossas homenagens

E quem tem maior direito às homenagens do que Jesus? Ele, nosso Rei, Rei do Universo, Senhor de tudo quanto existe no céu e na terra. E o que é ainda mais admirável e encantador, Ele é nosso amigo íntimo. Ele faz questão de ter a cada um de nós bem perto de si, junto de si, dentro do seu Coração adorável. É algo inaudito. Só esse pensamento deveria ser suficiente para nos impelir a verdadeiras loucuras de amor por Ele. As procissões eucarísticas, as bênçãos do Santíssimo, as Horas Santas devem encher nosso coração de júbilo e contentamento. Contemplar Jesus na pureza da hóstia faz bem à nossa pessoa. De modo particular, não devemos gastar inutilmente os preciosos momentos após a santa comunhão. É necessário que cada um, unido com Cristo, não interrompa na sua alma o cântico de louvor, "dando graças sempre e por tudo a Deus Pai, em nome de Nosso Senhor Jesus Cristo" (Ef 5,20). A ação de graça é de grande utilidade para nossa alma, uma vez que Jesus gosta de escutar nossas preces, gosta de falar conosco de ânimo aberto, e oferecer-nos refúgio no seu Coração abrasado (*Mediator Dei*). E não pode, afinal, haver alegria maior que possuirmos em nós o divino Amigo, o Doador de todos os bens, Ele mesmo o Sumo Bem, o único Bem. Naquela hora nos tornamos sacrários vivos do Cristo vivo. Podemos compreender muito bem a alma seráfica de São Francisco. Seu grande amor pelos sacerdotes tinha por fundamento seu intenso amor por Jesus Hóstia. Dizia: "Nada vejo neste mundo corporalmente do altíssimo Filho de Deus, se não seu santíssimo Corpo e Sangue que eles recebem e só eles aos outros administram. E estes santíssimos mistérios sobre todas coisas quero honrar e reverenciar e em lugares preciosos colocar" (Testamento).

3. Ser o nosso consolo

Importante para nossa vida e nosso apostolado é a visita ao Santíssimo Sacramento. Pio XII, ainda na sua mensagem ao último Congresso Eucarístico Nacional da França, dirigindo-se aos sacerdotes, tinha estas palavras: "Nada poderá substituir, na vida sacerdotal, a oração silenciosa e prolongada aos pés do Santíssimo Sacramento, e o exemplo admirável do Santo Cura d'Ars conserva ainda hoje todo o valor... De quanto valor não é para a comunidade cristã a oração eucarística de seus sacerdotes! Seu exemplo é, para tantos homens dissipados e perturbados pela febre da vida moderna, uma lembrança providencial do único necessário, e sua intercessão perseverante os trará, cedo ou tarde, a este foco de vida sobrenatural, que é o altar onde o Cristo renova seu sacrifício redentor e onde é justo oferecer-lhe o tributo de nosso louvor". E na *Menti Nostrae*: "O sacerdote, antes de terminar seu dia de trabalho, irá ao Tabernáculo, onde se entreterá por algum tempo em adorar a Jesus no seu Sacramento de amor, para reparar a ingratidão de muitos para com tão grande Sacramento, para incendiar-se cada vez mais de amor de Deus e para manter-se, de certo modo, na presença do

Coração de Cristo, também durante o tempo do repouso noturno, que nos traz ao espírito o silêncio da morte". Nessa ocasião, não será inoportuno um pensamento para a Santa Missa e comunhão do dia seguinte.

4. Para continuar o seu ensino

O que Jesus ensina na sua divina eucaristia? Devemos procurar a grande lição eucarística no dogma da transubstanciação, dogma sob o qual se baseia todo o edifício eucarístico, seja como sacrifício, seja como sacramento.

A transubstanciação é a conversão da substância do pão no corpo de Jesus e da substância do vinho no sangue de Nosso Senhor, permanecendo inalteradas as espécies de pão e de vinho. Ora, devemos, de modo sobrenatural, transformar-nos em Cristo como o pão se transforma no corpo de Cristo e o vinho no seu sangue. Essa transformação deve sobretudo ser interna: as espécies se conservam inalteradas. O íntimo deve tornar-se outro. Deve impregnar-se totalmente do espírito de Cristo, deve transformar-se em Cristo. E o externo deve ser tal, pelo encanto de sua pureza e do odor de suas virtudes, que se torne um sinal vivo e eficaz da presença de Deus: as espécies consagradas são um sinal eficaz da presença do Mestre

Adorável. Isso o sacerdote conseguirá vivendo a cada instante a sua transubstanciação: o Cristo Eucarístico é o Cristo da imolação perpétua. O sacerdote, à imitação do seu protótipo Cristo, será o sacerdote continuamente imolado, deve ser um eterno sacrificado. Só assim conseguirá realizar perfeitamente a sua missão salvífica. Só assim será, no meio do mundo, o sinal vivo do Cristo vivo presente. O mistério eucarístico deve, a cada momento, lembrar-nos de que somos os templos de Deus, seus sacrários vivos, cristóforos, portadores de Cristo. E a quem levamos o Cristo? Ao mundo, aos homens que nos cercam: "Vós sois o sal da terra... Vós sois a luz do mundo... Brilhe vossa luz diante dos homens, para que vejam vossas boas obras e glorifiquem o Pai que está nos céus" (Mt 5,13ss.).

Que os homens vejam nossas boas obras, que vejam na nossa vida a imitação da vida de Cristo. Nossa presença deve manifestar a todos a presença de Deus em nós. Devemos ser semelhantes às lâmpadas do Santíssimo.

Outra lição, que Jesus Eucarístico nos dá, é o de ser Ele o alimento das almas. O Cristo Eucarístico dá-se em alimento a todos os que, famintos e sedentos, dele se aproximam. Outro tanto fará o sacerdote, ministro de Cristo e dispenseiro dos mistérios de Deus. O sacerdote, quando se trata de dar às almas a vida eterna, deve dar-se completamente, deve deixar-se devorar. O sacerdote já não pertence mais a si mesmo; pertence aos outros. Pela sua ordenação sacerdotal contraiu, através de Cristo, suas núpcias místicas com as almas, esposas de Cristo. O sacerdote aí está, pois, não para ser servido, e sim para servir e comunicar às almas ressurreição e vida.

A fonte mais fecunda de nossa vida de santidade e de nossa vida de apostolado é a divina Eucaristia. Ela é a plena redenção: a união com Cristo Deus e Homem é levada ao seu auge nesta vida mortal. É a mais completa reconciliação da criatura pecadora com o Criador ofendido. Grande deve ser nosso amor, nossa veneração, nosso respeito, nossa devoção para com esse Sacramento. Não nos esqueçamos jamais que "quem comer deste pão viverá eternamente, ressuscitará gloriosamente no último dia". Sejamos sempre do número daqueles que recebem a Jesus com coração puro, com coração cheio de ardente amor, para que possamos com Ele viver eternamente no céu, depois de havermos vivido com Ele, em doce companhia, nesta terra de exílio. Esforcemo-nos, enquanto estiver ao nosso alcance, por propagar a comunhão diária. Só assim faremos da nossa terra um paraíso, porque o paraíso terrestre é o paraíso eucarístico. Assim seja.

9ª Meditação
O Divino Espírito Santo

"Não vos deixarei órfãos, mas rogarei ao Pai, e Ele vos dará outro Advogado, que estará convosco para sempre, o Espírito da verdade" (Jo 14,18.16s.).

Além do preciosíssimo dom da Eucaristia, quis Jesus, ao partir deste mundo, deixar-nos o dom do seu Espírito. Recordemos a história de Elias e Eliseu. Este dom que Jesus nos quis deixar é a terceira Pessoa da Santíssima Trindade, Deus como o Pai e o Filho, e que procede de ambos, sendo o amor essencial. O Espírito Santo é que dá à Igreja de Cristo sua feição particular, que a faz distinguir-se de um simples corpo mortal, que a faz ser também, em sua íntima natureza, algo divino. Jesus, em suas últimas palavras aos Apóstolos, antes da Paixão, chama-o de outro Advogado, outro Paráclito, Espírito da verdade, Espírito Santo. Ora, é o Pai quem no-lo dará, que o enviará em nome de Cristo; ora é Cristo mesmo quem o enviará. Ele procede do Pai, afirma Cristo, mas também procede do Filho. O múnus do Espírito Santo, segundo essa mesma palavra de Jesus, é permanecer com os Apóstolos para sempre, ensinar e sugerir tudo o que Cristo tem falado, ensinar a verdade completa, dizer o que ouvir da parte de Cristo e anunciar as coisas futuras, convencer o mundo de pecado, de justiça e de juízo. Para receber esse Espírito Divino se requer o amor de Deus, o qual se tem quando se observa os mandamentos. Ouçamos estas passagens sagradas: "Se me amais, guardareis meus mandamentos. E eu rogarei ao Pai, e Ele vos dará outro Advogado, que estará convosco para sempre, o Espírito da verdade, que o mundo não pode receber, porque não o vê, nem o conhece; vós o conheceis, porque Ele permanece convosco e está em vós" (Jo 14,15-17). "O Advogado, o Espírito Santo, que o Pai enviará em meu nome, esse vos ensinará tudo, e vos trará à memória tudo quanto eu vos disse" (Jo 14,26). "Quando vier o Advogado, que eu vos enviarei da parte do Pai, o Espírito da verdade que procede do Pai, Ele dará testemunho de mim" (Jo 15,26).

Essa vinda do Espírito Santo será melhor para os Apóstolos e a Igreja do que a permanência visível de Jesus: "Convém a vós que eu me vá. Porque, se eu não me for, não virá a vós o Advogado; mas se eu me for, vo-lo enviarei" (Jo 16,7). "E Ele, com sua vinda, arguirá o mundo de pecado, de justiça e de julgamento. De pecado, porque não creram em mim; de justiça, porque eu vou ao Pai e não mais me vereis; de julgamento, porque o príncipe deste mundo já está julgado" (Jo 16,8-11). "Quando vier aquele, o Espírito da verdade, guiar-vos-á para a verdade completa, porque não falará por si mesmo, mas falará o que ouvir e vos comunicará as coisas futuras" (Jo 16,13). "Ele me glorificará, porque receberá do que é meu, e vo-lo dará a conhecer" (Jo 16,14).

Jesus possui o Espírito Santo na plenitude, e é dessa plenitude que os membros do Corpo Místico de Cristo participam à medida que Cristo o quiser dar (Ef 1,8; 4,7).

A importância do Espírito divino, para a vida humana e a vida da Igreja, não se percebe tão somente nessas palavras de Cristo, mas também no agir da Igreja.

Antes dos atos mais importantes para a nossa vida e a sua própria vida, a Igreja costuma sempre invocar o Espírito Santo. Considero sintomático o fato de que, na edição nova do Ritual Romano Seráfico, o emblema que figura na capa é o do Espírito Santo, com a invocação "Veni, Creator Spiritus!" – Vem, Espírito Criador! Parece ser o resumo, o núcleo essencial de todo o Ritual. Antes do santo retiro, antes da entrada em uma Ordem religiosa, antes da ordenação sacerdotal, antes da eleição do Sumo Pontífice, e assim, realmente, em todos os atos de importância que se realizam na Igreja, o Divino Espírito Santo é invocado de modo todo especial. E o que merece também ainda nossa atenção é a nota de alegria que a Igreja e a Sagrada Escritura ressaltam em conexão com a vinda do Espírito Santo, com a sua ação. No dia de Pentecostes, no prefácio da Missa, a Igreja nos faz cantar: "Ele (Jesus), subindo ao mais alto dos céus e estando assentado à vossa direita, fez descer sobre vossos filhos adotivos, o Espírito Santo que lhes prometera. Por isso o mundo inteiro exulta com imenso gozo". "O mundo todo exulta com pródigos júbilos em toda parte." Parece que a Igreja nos quer relembrar que nossa vida espiritual deve ser nossa alegria precisamente por causa da presença contínua do Espírito de Amor. É na Sagrada Escritura que, de modo sobremaneira admirável, constatamos essa relação entre alegria e presença do Espírito Santo. Cada vez que a Sagrada Escritura do Novo Testamento narra um influxo especial do Espírito Santo em algum acontecimento, há uma nota de alegria que o caracteriza: o arcanjo São Gabriel anuncia a Nossa Senhora haver sido ela escolhida para Mãe do Messias e a saúda com as palavras (que segundo vários exegetas seria um anúncio de alegria): "Alegra-te, ó cheia de graça". E por quê? Porque "o Espírito Santo descerá sobre ti, e a força do Altíssimo te cobrirá com tua sombra. E por isso, o Santo, que nascerá de ti, será chamado Filho de Deus".

Maria Santíssima visita sua prima Isabel. O pequeno João Batista, no seio de sua mãe, exulta de alegria e Santa Isabel, "cheia do Espírito Santo", diz a Escritura, saúda jubilosa Maria: "Bendita és tu entre as mulheres". E Nossa Senhora, por sua vez, "repleta Spiritu Sancto" canta: "Engrandece minha alma o Senhor, e meu espírito exulta em Deus, meu Salvador".

Zacarias, ao recuperar a fala, após haver escrito na tabuinha o nome de seu filho, ficou cheio do Espírito Santo e do íntimo de sua alma brotou um cântico de louvor, repleto do mais santo júbilo: "Bendito seja o Senhor Deus de Israel que visitou seu povo, que lhe trouxe a redenção".

O velho Simeão, ansioso pela vinda do Messias, foi pelo Espírito impelido a ir ao templo e aí teve a felicidade de tomar em seus braços o Menino Deus, e também ele não podia deixar de proferir seu cântico de jubilosa gratidão: "Agora, Senhor, podes deixar o teu servo partir em paz. Agora já vi a salvação que preparastes para teu povo e às nações".

E mais tarde, após a vinda visível do Espírito Santo sobre os Apóstolos, o diapasão não muda. O hagiógrafo esmera-se em notar como o Espírito Santo descia sobre os ouvintes, e eles *"engrandeciam o Senhor"*. E os Apóstolos, quando eram açoitados, sentiam-se felizes, contentes, satisfeitos, por sofrer afrontas pelo nome do Senhor. A força do Espírito Santo é que os sustentava e fazia enfrentar com júbilo o sofrimento pelo Cristo.

E por que essa nota de alegria? Notemos ainda este particular: as passagens citadas da Sagrada Escritura encontramo-las quase todas no Evangelho segundo São Lucas, o evangelista do Espírito Santo e o evangelista da alegria. Por que essa nota de alegria? Por causa da redenção. Jesus pela sua morte nos tornou possível a reconciliação com Deus, mas cabe ao Espírito Santo atualizar pela Igreja esta redenção objetiva. E como não se alegrar quando se sabe pela fé que a adesão à obra redentora de Cristo tem por resultado fazer da alma a morada do Deus Uno e Trino? "Se alguém me ama, o Pai o amará e nós viremos a Ele e nele faremos nossa morada" (Jo 14,23).

Recebemos o Espírito de Cristo. A atitude de Jesus perante o Espírito Santo foi sempre de uma docilidade completa. Jesus se deixava conduzir pelo Espírito Santo em todos os momentos da sua vida. É o que nós também precisamos fazer, pois: "Todos aqueles que são conduzidos pelo Espírito de Deus são filhos de Deus" (Rm 8,14).

O Espírito Santo cria em nós uma alma filial para com o Pai e uma alma fraternal para com Jesus e nossos irmãos: "Ele clama em nós Abbá, Pai!" (Gl 4,6). Ele difunde em nossos corações o amor filial e fraternal: "O amor de Deus se derramou em nossos corações por virtude do Espírito Santo, que nos foi dado" (Rm 5,5).

Devemos, como outrora os Apóstolos, invocar diariamente o Espírito Santo. Ele nos fará realizar nossa vocação filial, nossa missão redentora. Ele é que está animando a Igreja, desde a partida de Jesus no dia da Ascensão e a animará até sua volta no fim do mundo. O Espírito Santo nos torna capazes, especialmente nos casos difíceis, de distinguir a voz de Deus, a encontrar a solução justa, a dizer a palavra apropriada e a agir corretamente: "Quando vos entregarem, não vos preocupeis como ou o que falareis; porque vos será dado naquela hora o que deveis dizer. Não sereis vós que falareis, mas sim o espírito de vosso Pai que falará em vós" (Mt 10,19s.).

Ele nos fará julgar ajuizadamente sobre as coisas humanas, fazendo-nos considerá-las na sua relação íntima com Deus. Abrir-nos-á os olhos sobre a vaidade de muitas das nossas preocupações, como honras, títulos, elogios. Far-nos-á compreender a fealdade do pecado, sua ingratidão. Dar-nos-á a verdadeira ciência do bem e do mal.

Infundir-nos-á o temor filial para com o Pai Celeste. Guiados por Ele, tomaremos grande cuidado para não cairmos em faltas que possam magoar o coração divino.

Dará unção à nossa prece e nos ajudará a encontrar um sabor sobrenatural até nas penas interiores.

Ele nos tornará fortes na luta contra as tentações.

Ele nos dará uma compreensão mais perfeita dos mistérios da nossa fé. A sua graça nos levará a gostar de refletir sobre as verdades da religião.

Será para nós santa alegria a frequente leitura dos livros sagrados, em que Ele faz ouvir a sua voz, Ele que inspirou os autores sagrados. E assim como assistiu de modo especial aos escritores para que escrevessem o que Ele lhes inspirava, e só isso escrevessem, assim também, tomadas em consideração as devidas circunstâncias, nos fará descobrir o sentido mais profundo que Ele intencionava nas várias passagens dos livros sagrados.

Ele nos ajudará a descobrir novos nexos, novas atitudes, capazes de nos arrastar no caminho do bem. O Espírito Santo poderá fazer com que o sobrenatural torne-se algo quase conatural a nós. Se chegarmos a *gostar* verdadeiramente do sobrenatural, então podemos estar seguros de que o Espírito do Amor Divino está agindo em nós.

Para chegarmos a sentir sempre mais em nós o influxo salutar do Divino no Espírito Santo, esforcemo-nos por tornar realidade o conselho de São Paulo: "Pensai nas coisas do alto, e não nas da terra" (Cl 3,2). Assim seja.

10ª Meditação
O Sacerdote
e os Sacramentos

> *"Uma coisa sobremaneira me preocupa: ter nas ordens sagradas homens que estejam perfeitamente à altura desta missão."*

Essas palavras do Santo Papa Pio X nos devem causar profunda impressão. Uma das grandes preocupações daquele que tem a solicitude de todas as Igrejas é a de ter homens perfeitamente à altura da missão que as sagradas ordens, especialmente a ordem do presbiterato, impõem.

Essa preocupação justifica-se teologicamente. O sacerdote é a vida da Igreja, a vida do corpo místico de Cristo. Sem o sacerdote, a vida divina, que a Igreja tem por missão fazer chegar às almas, necessariamente vem a ser abafada. Onde falta o sacerdote, reina necessariamente o vício, o pecado, a morte. Aparece aí o sacerdote e, em pouco tempo, florescerão normalmente as virtudes. Cristo colocou a sorte de sua Igreja nas mãos sacerdotais. Essas mãos estão repletas das graças divinas. O sobrenatural está entregue, por assim dizer, aos sacerdotes. Se é verdade que "Deus quis que tivéssemos tudo por intermédio de Maria", não é menos verdade que ordinariamente essas mesmas graças passam pelas mãos do sacerdote, de sorte que parafraseando podemos também afirmar: "Deus quis que tivéssemos tudo por intermédio de seus sacerdotes".

A obra mais importante que o sacerdote realiza é, fora de dúvida, o sacramento da Eucaristia. O poder sobre o corpo eucarístico é o mais admirável e mais tremendo poder sacerdotal. É por meio dela que o sacerdote exerce também seu mais fecundo apostolado, precisamente por ser a Eucaristia, como sacrifício, a renovação do sacrifício da Cruz e, como alimento, a vida eterna e a ressurreição gloriosa. Tenhamo-lo sempre presente que é, sobretudo, pela *Cruz* que Nosso Senhor nos quis salvar e dar-se a si mesmo a nós. A conclusão é, pois, evidente.

Como segunda obra mais importante do sacerdote, deve-se considerar a administração dos demais sacramentos ou, então, seu poder sobre o Corpo Místico de Cristo.

Pela administração dos sacramentos o sacerdote pratica a caridade fraterna em alto grau. Ele se torna o servo dos outros. Exerce sua vocação sacerdotal, que é servir e não ser servido: "Não vim para ser servido, e sim para servir... E o discípulo não é maior do que o mestre". Pelo fiel cumprimento desse dever, o sacerdote pode enriquecer a si mesmo de modo admirável. Além da prática fraterna, a administração dos sacramentos exige do sacerdote o exercício constante de outras virtudes não menos aptas para santificar o sacerdote, quais sejam: obediência à Igreja, a qual abrange até os mínimos ritos por ela prescritos para a digna administração de cada sacramento; justiça para com as almas cuja cura está confiada ao sacerdote; devotamento e abnegação para prestar assistência a um moribundo, a altas horas da noite, ou outras horas menos agradáveis, ou com um frio intenso ou sob um sol abrasador ou em meio à chuva abundante, às vezes a várias léguas de distância; paciência para permanecer no confessionário horas a fio, dar no começo, como depois de várias horas, os devidos conselhos com a mesma delicadeza, com a mesma atenção; suportar a impertinência dos padrinhos por ocasião dos batizados e o barulho das crianças. No exercício dessas virtudes, o sacerdote se lembre de que deve ir mais longe do que o médico, por exemplo, ou o mecânico, que no exercício de sua profissão se veem obrigados a praticar muitas vezes as mesmas virtudes e cujo espírito de sacrifício, às vezes, supera o do sacerdote; o que certamente não deveria acontecer. Em matéria de sacrifício, o sacerdote seja sempre o primeiro.

Verdade é que a santidade do ministro não influi na ação do sacramento. O sacramento, mesmo sendo indigno o ministro, não deixa de produzir seu efeito. É, todavia, de suma conveniência que seja santo quem trata com coisas santas. De uma enfermeira, que aplica injeções, exige-se perfeita limpeza nos vestidos, nas mãos, em toda a sua pessoa, embora não seja a limpeza, e sim a injeção que produz o efeito. Caso semelhante se dá com a santidade no ministro dos sacramentos.

Na ordenação sacerdotal pede o Bispo no prefácio consecratório: "Dai-lhe, Senhor, o espírito de santidade". A ordem "sabei o que fazeis" e "imitai o que manejais" pode aplicar-se também à administração dos sacramentos. O sacerdote celebra o mistério da morte do Senhor. Ora, isso pede no sacerdote a morte às concupiscências, morte a tudo o que não é Cristo. E todos os sacramentos nos relembram a morte do Senhor. Todos eles devem seu valor à morte salvífica de Cristo. Só a perspectiva, por exemplo, de absolver os outros dos pecados, deveria excitar o sacerdote à grande pureza de consciência.

A administração do batismo é outro convite à constante luta do sacerdote contra Satanás, contra o pecado, contra o mal, para conservar ilibada a veste nupcial da graça, até que possa "avançar juntamente com os santos" ao Esposo das almas para participar do banquete das eternas núpcias no reino

10ª Meditação – O Sacerdote e os Sacramentos

eterno do Cordeiro. A vela acesa do batizado deve lembrar ao sacerdote que ele, mais que o novo cristão, deve luzir perante os homens, deve iluminar os fiéis com a luz do bom exemplo e da vida santa: "Vós sois a luz do mundo. Não se pode ocultar uma cidade que esteja situada sobre um monte. Nem se acende uma lâmpada para colocá-la debaixo da mesa, e sim sobre a mesa, a fim de que brilhe a todos os que estão em casa. Assim brilhe vossa luz diante dos homens, para que, vendo vossas boas obras, glorifiquem vosso Pai que está nos céus" (Mt 5,14-16).

E o sacramento da extrema unção (hoje unção dos enfermos)?[1] É um dos sacramentos que o sacerdote várias vezes administra durante sua vida sacerdotal. É, por assim dizer, esse sacramento a última manifestação do amor de Deus para com seu filho bem-amado. O sacerdote pode bem compreender em tal instante quão grande é sua responsabilidade e quão grande é a misericórdia de Deus, que não quer a morte do

---

[1] Nota do Editor: Extrema unção foi o nome dado a este sacramento no século XII. Com a Constituição do Concílio Vaticano II sobre a Liturgia, esse sacramento passou a se chamar "unção dos enfermos", visto que "o sacramento dos enfermos não atua somente naquele que está em perigo extremo de morte. A unção dos enfermos pode ser administrada no caso de uma grave doença. Pode ser repetida se o andamento da doença piorar..." (cf. URBAN, Albert; BEXTEN, Marion. *Pequeno Dicionário de Liturgia*. 1ª ed. Aparecida: Editora Santuário, 2013, p. 267-268).

pecador, mas sim que ele se converta e viva. Esse sacramento, se Deus assim o dispuser, dá ao enfermo a saúde do corpo, dá sempre, se o enfermo estiver devidamente disposto, a saúde da alma. Parece que Deus tem ânsia em ver os homens junto de si, no céu. Administrando esse sacramento, lembrar-se-á o sacerdote da importância do último momento da vida. Tudo passa. A eternidade se aproxima. Só a vida dedicada a Deus possui valor perene. Só tal vida dá tranquilidade e paz para essa hora única na vida. Só a vida, que se viveu para Deus, é que então traz consolo. Só a vida santa é que conforta. Por conseguinte, será a administração desse sacramento uma admoestação de que o sacerdote, o predileto do Divino Mestre mais do que qualquer outro, deve ter sempre diante dos olhos o conselho: "Vigiai e orai... na hora em que menos o esperardes, virá o Filho do Homem" (Mt 25,13).

E o sacramento da penitência? Abre ao sacerdote um mundo novo, um mundo indevassável ao resto da humanidade. Muitas vezes o sacerdote experimentará a necessidade de imolar-se mais generosamente pelas almas, a fim de que Cristo volte a reinar nelas; outras vezes, sentir-se-á pequeno perante a grandeza da vida santa de almas tão belas que se lhe apresentem neste sagrado tribunal. Deve o confessionário transformar-se para o sacerdote em verdadeira escola de santidade: prática heroica da virtude da paciência, estímulo constante à vida santa para bem dirigir as almas santas que se lhe apresentam. Um conhecimento também da vida mística impõe-se ao sacerdote. Muitas vezes o sacerdote notará que há pessoas que se confessam mais vezes do que ele mesmo, e observará como elas progridem no caminho de Deus. Impelido por essa experiência, sentir-se-á também ele levado a se apresentar mais vezes ao sagrado tribunal. Chegará a compreender sempre melhor quão sábia é a norma da Igreja quando quer que todos os sacerdotes frequentemente se confessem. Desleixar essa norma é um mal de que o sacerdote necessariamente se ressentirá. A tentação existe, mas jamais devemos ceder a essa tentação. Seja nosso lema: confessar-nos mais vezes possível, conforme nossa consciência no-lo aconselhar. Nada de comodismo, nada de facilitar neste campo. A penitência é um grande sacramento. Pio XII, na *Mystici Corporis*, tem as seguintes palavras acerca da confissão frequente: "Para progredir mais rapidamente no caminho da virtude, recomendamos vivamente o pio uso, introduzido pela Igreja sob a inspiração do Espírito Santo, da confissão frequente, *que aumenta o conhecimento próprio, desenvolve a humilda-*

de cristã, desarraiga maus costumes, combate a negligência e tibieza espiritual, *purifica a consciência, fortifica* a vontade, presta-se à direção espiritual e, por virtude do mesmo sacramento, aumenta a graça".

Deus é admirável nos seus desígnios. Tudo o que Ele faz é bem-feito. Quis, na sua infinita sabedoria, ligar a salvação eterna a sinais visíveis; chamou-nos para que fôssemos os seus despenseiros. Os sacramentos são o que de mais santo e precioso existe na Igreja. Devemos aqui aplicar o dito de Jesus: "Não deis aos cães o que é sagrado, nem atireis vossas pérolas aos porcos, para que não suceda que eles as pisem com os pés e, voltando-se, vos despedacem" (Mt 7,6). Com a maior devoção e piedade, com amor e paciência, devemos administrar os sacramentos. Não nos devemos jamais tornar rotineiros nesse ponto, custe o que custar. Recordemo-nos de que nosso dever principal de sacerdote está na celebração da Santa Missa e na administração dos sacramentos. Nesses pontos somos insubstituíveis. Lembremo-nos sempre, vivamente, de que a vida sobrenatural, que significa felicidade eterna, depende, sobretudo, dos sacramentos que nós administramos. Façamo-lo corretamente para o bem das almas e para o nosso próprio bem. Assim seja.

11ª Meditação
A Pregação da Palavra Divina

Após a administração dos sacramentos, deve ocupar na vida sacerdotal, em primeiro plano, a pregação da Palavra Divina. Não é apenas ministro de Cristo, e até mesmo um outro Cristo, enquanto despenseiro dos mistérios sacramentais, mas também enquanto despenseiro dos mistérios revelados de Deus.

Na ordenação sacerdotal o Bispo, ao admoestar os jovens ordenandos, indica-lhes sinteticamente a tarefa sacerdotal: "Compete ao sacerdote oferecer, benzer, presidir, pregar e batizar". O sacerdote deve pregar. É a missão que Jesus deu aos apóstolos: "Ide ao mundo inteiro e pregai o Evangelho a todas as criaturas" (Mc 16,15). Era o que Jesus mesmo fazia: "*E andava pregando nas sinagogas da Galileia...*" (Lc 4,44). "E... andava pelas cidades e povoados, pregando e anunciando o Reino de Deus" (Lc 8,1). E na vida dos apóstolos vemos esta mesma preocupação de pregar: "Não convém que nós descuidemos a Palavra de Deus e sirvamos à mesa. Portanto, irmãos, escolhei dentre vós sete homens de boa reputação, cheios do Espírito Santo e de sabedoria, aos quais encarregaremos deste serviço. Nós, porém, atenderemos sem cessar à oração e ao ministério da Palavra" (At 6,2-4).

É uma tarefa de grande responsabilidade, pesada e delicada. Ela exige o sacerdote todo. Deve ser realizada com grande confiança e convicção.

Tarefa de grande responsabilidade: "Sereis minhas testemunhas em Jerusalém, em toda a Judeia e Samaria, até os confins da terra" (At 1,8). O sacerdote, pela pregação da Palavra Divina, deve dar testemunho de Cristo. Ele é testemunha autorizada: "Quem vos ouve, a mim ouve; quem vos despreza, a mim despreza; e quem me despreza, despreza aquele que me enviou" (Lc 10,16).

É tarefa de grande responsabilidade, já que dela dependerá normalmente o despertar da fé: "Mas como invocarão eles aquele em quem não creram? E como crerão sem terem ouvido falar dele? E como ouvirão se ninguém lhes pregar? E como se pregará se ninguém for enviado?" (Rm 10,14). "A fé procede da audição, e a audição, pela Palavra de Cristo" (ibidem, 17). É dela que depende, em grande parte, a origem e o desenvolvimento do Reino de Deus: "Eis que um semeador saiu a semear... A semente é a Palavra de Deus... A que caiu em terra boa, produziu fruto de cento, sessenta e trinta por um" (Mt 13, 3-9.14-23; Lc 8,11). "O reino dos céus é semelhante ao fermento que uma senhora toma e o mistura em três medidas de farinha, até tudo ficar levedado" (Mt 13,33). A pregação da Palavra Divina é fermento misterioso que faz o homem pensar, que o faz discernir as disposições e intenções do coração. Ela é viva, eficaz, penetrante, mais penetrante que uma espada de dois gumes. Ela penetra até a divisão da alma e do espírito, das juntas e medulas. Penetra o recôndito do ser humano (Hb 4,12). Pela pregação, o sacerdote, qual outro João Batista, é o profeta do Altíssimo, que vai ante a face do Senhor preparar seus caminhos, iluminar os que jazem nas trevas e na sombra da morte (Lc 1,76s.). O pregador deve, como mestre, trazer o fogo à terra: "Vim trazer fogo à terra, e o que quero senão que ele se acenda?"; deve ser uma *chama* a aquentar os corações gélidos dos homens de nossos dias; deve ser uma *faísca* a provocar um incêndio de amor nas almas ressequidas dos homens modernos.

A pregação é tarefa pesada e delicada que exige o sacerdote todo, o sacerdote confiante e convicto. Não apenas deve a alma sacerdotal aparecer ornada de exímia ciência teológica, mas também de profunda vida interior. Sem ela, a pregação sacerdotal será címbalo que tine, que fere os ares, mas não penetra no coração; esvai-se no espaço qual bolha de sabão. O sacerdote deve poder atestar de si mesmo: "A Deus ninguém jamais viu; Deus Unigênito, que está no seio do Pai, esse no-lo deu a conhecer" (Jo 1,18).

O sacerdote, pelo seu recolhimento, deve estar sempre "no seio do Pai". É necessário que o sacerdote realize a palavra de São João: "O que ouvimos, o que vimos com nossos olhos, o que contemplamos e o que nossas mãos tocaram do Verbo da vida... *isso* testificamos e vos anunciamos" (1Jo 1,1-3). O Sacerdote deve manter vivo contato com as realidades sobrenaturais. Exige-se dele fé muito viva naquilo que anuncia: "Nós cremos, e por isso falamos" (2Cor 4,13). Só assim sua palavra terá a unção, excitará a confiança e aparecerá revestida daquela convicção que tão bem se notava na Palavra de Cristo: "O povo admirava-se da sua doutrina. Porque ele os ensinava como quem tem autoridade, e não como os seus escribas e os fariseus" (Mt 7,29).

O sacerdote não se deve esquecer, um instante sequer, de que o Espírito do Senhor está sobre ele. Pelo Espírito "foi ungido e enviado para evangelizar os pobres, sarar os contritos de coração, anunciar aos cativos a redenção, aos cegos a vista, publicar um ano favorável do Senhor e um dia de retribuição" (Lc 4,18s.).

A pregação não deve e nem pode ser considerada ato acadêmico, atividade literário-artística, exigindo talentos de literato e orador. Não é esta a teologia da pregação da Palavra de Deus. É esquecer-se da instrumentalidade nas mãos divinas. O florescimento e a frutificação da vinha do Senhor dependem, principalmente, de Deus. Ele é o vinhateiro, o agricultor. Ele é que dá o incremento àquilo que nós semeamos com toda a nossa generosidade. Por mais simples e balbuciante que ela seja, será sempre a Palavra de Deus. Não nos esqueçamos de que, já no Antigo Testamento, Deus usava como mediadores seus profetas gagos. Moisés deve ser para nós um estímulo. Não é a si que o sacerdote prega, e sim a Jesus Cristo, e esse crucificado. Diante de seus olhos estejam as palavras de São Paulo aos Coríntios: "Cristo me enviou para pregar o Evangelho, não com sublimidade e sabedoria de palavras ou termos persuasivos de sabedoria humana, mas na demonstração do Espírito e do poder, para que vossa fé não se baseasse na sabedoria dos homens, mas no poder de Deus e para que não se torne vã a

Cruz de Cristo" (1Cor 1,17s.; 2,1-5). A luz da fé, a firmeza da esperança e o ardor da caridade não derivam da sabedoria dos homens, mas da força de Deus.

Na sua tradicional alocução aos párocos e pregadores quaresmais de Roma, aos 5 de março de 1957, o Santo Padre Pio XII insistiu de modo particular na assídua pregação da Palavra de Deus durante a celebração da Santa Missa aos domingos: "Os fiéis, quando sabem poder contar com uma palavra *breve,* mas bem-ponderada, dita com profunda convicção e que religiosamente edifica e enriquece as almas, acostumam-se facilmente a ir escutá-la, nos domingos e dias de festa... A pregação comum dominical apresenta duas notas características que lhe aumentam o valor: ela é, ao mesmo tempo, uma familiar e confiante conversa do pároco com o seu rebanho, e acontece, regularmente, a cada semana e em cada ocorrência festiva. Esta regularidade dá à palavra – sempre na suposição de que parta do coração e vá aos corações – uma força que lenta e quase insensivelmente, mas infalivelmente, exerce sua eficácia" (REB. 1957, p. 495).

Jesus Cristo, na propagação de seu Reino, deu especial importância à pregação.

Os sacerdotes receberam da Igreja a missão de continuar essa obra. Para o encarregado dessa missão decorrem exigências morais de grande alcance.

O sacerdote é chamado pela Igreja, em nome de Cristo, para ser operário na vinha do Senhor. Ora, de um operário se exige e se espera um trabalho bem-feito, exige-se bom emprego do tempo, não se admitem dissimulações. A palavra do sacerdote deverá, portanto, ser límpida, honesta, bem-preparada, bem-ponderada, como diz o Santo Padre. E essa boa preparação, essa limpidez, essa honestidade na transmissão da Palavra Divina se adquire quando há esforço contínuo de assimilar essa Palavra. Devemos, por isso, meditar dia e noite a lei do Senhor. Quem se compraz na lei do Senhor e a medita dia e noite, "é como a árvore plantada à beira das águas correntes, que, em tempo próprio, dá seu fruto e cujas folhas não murcham; ele tem êxito em tudo o que faz" (Sl 1,2s.). Devemos encher nossa mente, e mais ainda nosso coração, não só com novidades do mundo, em primeiro lugar, mas, sobretudo, com novidades do céu.

Nós somos os repórteres do reino celeste, que continuamente, pelas nossas reportagens, mantemos acesa nos homens a chama da pátria futura. A revelação contém notícias, as mais sensacionais, em número indefinido. É um tesouro inexaurível de sabedoria, de ciência, de vida, de alegria. Essa assimilação requer esforço, requer bom emprego do tempo, requer sacrifício, requer silêncio, recolhimento. O sacerdote, onde quer que ele esteja, deve procurar viver continuamente em uma esfera de santo silêncio, de muda adoração ao Pai Celeste. É no silêncio que se forjam as grandes almas. Não percamos de vista a lição do Grande Silencioso do Tabernáculo. Não há no mundo inteiro força mais poderosa do que esta: a divina Eucaristia.

Além dessa meditação contínua da Palavra Divina, requer-se no sacerdote um cuidado particular para que a vida corresponda ao que ele prega. Diante dos seus olhos deve pairar o que a Escritura diz de Jesus Cristo: "Começou a fazer e a ensinar". O exemplo arrasta. Antes de exigirmos dos fiéis a prática de certas virtudes, da caridade, por exemplo, devemos nós dar-lhes o exemplo mais vivo dessas virtudes, senão nossa palavra ficará infrutífera. Como, por exemplo, poderá o sacerdote exigir que outros perdoem ofensas recebidas, quando ele mesmo não perdoa as que recebe?

Para terminar, ouçamos a palavra do Santo Padre: "Nós vos exortamos, diletos filhos, a não vos dar paz, a não vos conceder tréguas; cada um de vós pregue esta Palavra sagrada; cada um de vós insista com constância e coragem, mesmo quando uma falsa prudência aconselhar a desistir; cada um de vós se torne premente, insista, se for necessário, pacientemente. Nós vemos – e os homens veem – o que aconteceu, o que está acontecendo por se ter afastado da sã doutrina, para pedir à sorte, a mestres conformes às próprias paixões, as verdades a crer, as normas a seguir (cf. 2Tm 4,3). Voltai-vos para os pequeninos, os adolescentes, os jovens, os adultos: não deixeis passar nenhum meio, não desprezeis nenhum método... Devemos proclamar bem alto, devemos fazer ressoar com força a advertência de São Paulo: 'Ninguém pode pôr outro fundamento senão aquele que está posto, que é Jesus Cristo' (1Cor 3,11). Pôr outros fundamentos à construção do mundo significaria preparar sua ruína; lançar no terreno outra semente que não seja Cristo Jesus significaria ver crescer junto do bom grão o joio; este joio que parece amor e é ódio; que parece paz e é guerra; que parece liberdade e é licenciosidade; que parece justiça e é opressão; que parece prudência e é medo; que parece coragem e é imprudência; que parece previdência e é desconfiança" (REB 1957, 494).

Nessas palavras, Pio XII nos indica, de modo especial, o objeto da nossa pregação atual. O objeto deverá ser Jesus Cristo, sua Palavra!

Caros amigos, "tudo podemos naquele que nos conforta" (cf. Fl 4,13). Com coragem e confiança, tomemos nas mãos a espada penetrante da Palavra Divina e saiamos à conquista das almas. Assim seja. Que Deus vos abençoe!

Dom Aloísio Cardeal Lorscheider

Conclusão

À guisa de conclusão, permitam-me partilhar do que vivi e intui de Dom Aloísio, em particular nos três últimos meses de vida.

Desde inícios de outubro de 2007, fui mais e mais criando proximidade com a vida (caminho de cruz) de Dom Aloísio. Ocupei-me, em particular, em ouvir, como que a perscrutar ou desvendar o seu viver interior. Lida – mistério – nada fácil. Contudo, pelas rápidas falas com este Irmão e as muitas visitas que lhe pude fazer, fui percebendo que ele se ocupava com alguém que, mais e mais, ia sendo seu hóspede. Falo de Cristo. Amava estar a sós. No seu recolhimento, detinha-se, longamente, em contemplação. Olhar fixo, abrindo vez que outra seus vívidos olhos, no crucifixo, melhor, no Crucificado. Ali via o homem e Deus, Jesus Cristo, este por quem toda a sua vida fora ofertada. Duas percepções pude acompanhar em Dom Aloísio e dessas ser partícipe:

Primeira. Mais e mais silenciava e era convidado a se ocupar com o Homem das Dores que dentro dele sofria. Ele, o Homem das Dores, sofria, ali, em Dom Aloísio, a dor da miséria humana e a redenção do gênero humano. Dom Aloísio se imolava com Ele e Nele. Foi a Ele entregando a sua vida. Mas essa sua vida vinha carregada de todas as vidas: as pessoas com quem tivera a graça de entrar em contato, mormente os seus mais amados, os pobres, que conhecia muito bem, inclusive seu nome e moradia – para não dizer seu sabor do viver cotidiano e sabor da parca comida que a dádiva de Deus, milagrosamente, fazia jazer sobre suas pobres mesas. Os braços de Dom Aloísio estavam, como que, estendidos, e nesses as multidões que conseguiu dignificar. Oferecia-se por cada pessoa, qual corredentor! Nada de si podia reter. Toda a sua vida fora entregue. Neste singelo e maduro termo do seu viver, entregou, grato e com sorriso sereno, ao Senhor, qual fruto maduro de bom sabor, o que recebera de empréstimo.

Segunda. Dom Aloísio precisava "crescer para baixo". O céu fica embaixo! Parecia que queria nos ensinar isso. Jesus desceu até a cruz. Dom Aloísio foi entendendo esse caminho. Quis, por isso, desfazer-se de todas as honras, em proporção a seu itinerário peregrinante para o

• Conclusão

fim – início que ansiava abraçar! Quando recebia honras, dizia: "De que adiantam essas honras? Isto não conta nada. É ferrugem!" Tinha os olhos no Prêmio. Deste não duvidava. Quis, assim, serenamente e em sintonia com a sua escolha profunda e fundamental, ser enterrado onde todos os seus coirmãos de Província são enterrados. Nada de honras. "Sou Frade Menor", gostava de repetir. Parecia-me que, como Jesus, que fora despido, assim Dom Aloísio quis ser desapropriado até o extremo. E escolheu, para viver os últimos anos, o anonimato do nosso Convento em Porto Alegre e, posteriormente, o cemitério de Daltro Filho, ao lado de seus confrades, para ali jazer. Ali quis estar, descansar, ressuscitar. Mistério. Lembrava: "A árvore deve ficar onde vier a cair". Assim seja! Louvado seja nosso Senhor Jesus Cristo! Para sempre seja louvado!

Frei João Inácio Müller, ofm